Rudolf Atsma

Konfi-Projekte
Bilder und Installationen gestalten

Rudolf Atsma

Konfi-Projekte

Bilder und Installationen gestalten

Patmos

Bibliografische Information der Deutschen Nationalbibliothek

Die Deutsche Nationalbibliothek verzeichnet diese Publikation
in der Deutschen Nationalbibliografie; detaillierte bibliografische Daten
sind im Internet über http://dnb.d-nb.de abrufbar.

© 2009 Patmos Verlag GmbH & Co. KG, Düsseldorf
Alle Rechte vorbehalten
Umschlagmotiv: epd-bild/Bertold Fernkorn
Umschlaggestaltung: init. Büro für Gestaltung, Bielefeld
Printed in Austria
ISBN 978-3-491-76456-9
www.patmos.de

Inhalt

Einleitung:
Glaube muss anschaulich werden

Bei meiner Arbeit mit Konfirmandengruppen habe ich gespürt, wie wichtig es ist, zu zeigen und darzustellen, was Glauben in der Bibel und im Gegenlicht unseres Lebens meint: eine leibhaftige, ganzheitliche Erfahrung, wie sie viele biblische Erzählungen und Geschichten vermitteln. Gute Worte allein sind wie ein leckeres Rezept ohne den duftenden Kuchen.

Deshalb habe ich mich bemüht, die einzelnen Inhalte möglichst anschaulich und mit praktischen Erfahrungen verbunden zu vermitteln. Das Erlebnis, selbst ein Thema zu gestalten und mit eigenen Ideen und Bildern auszumalen, hat einen erstaunlich hohen Erinnerungswert: Bei einem Gemeindeabend vor einiger Zeit begrüßt mich eine Frau: »Kennen Sie mich noch?«, fragt sie. Ihr Gesicht kommt mir irgendwie bekannt vor. Aber wann und wo ist sie mir begegnet? »Ich bin Petra K.«, stellt sie sich vor. »Sie haben mich konfirmiert: 1986.« Das ist 21 Jahre her ... »Ich weiß noch genau«, erzählt sie, »wie wir damals das Bild mit der großen leuchtenden Sonnenblume auf der einen Seite und auf der anderen die Müllhalde mit dem Atomzeichen gemalt haben. Kurz vorher war doch die Katastrophe in Tschernobyl passiert ...«

Die Konfirmation nimmt im Erleben der Jugendlichen und ihrer Familien, wie auch in der Gemeinde, eine ganz besondere Stellung ein. So hoch der Erwartungsdruck für ein gelingendes Fest ist, so verschieden sind auch die gesellschaftlichen Überlagerungen der gottesdienstlichen Feier. Mit dieser komplexen geistlich-weltlichen Mischung im Hintergrund bedeutet es jedes Mal eine Herausforderung, den Fokus des Konfirmationstages deutlich auf die Jugendlichen selbst und den ihnen zugesprochenen Segen zu richten. Dazu diente in den verschiedenen Gemeinden, in denen ich als Pfarrer gearbeitet habe, regelmäßig ein thematisches Projekt, das in seiner künstlerisch-handwerklichen Gestaltung deutlich die Handschrift der Jugendlichen erkennen ließ: ein bis zu

18 qm großes Altarbild zum Thema des Konfirmationsgottesdienstes; ein aufklappbarer Flügelaltar; ein von der Kirchendecke herabhängendes »Glaubensmobile«; ein Großpuzzle, das erst im Konfirmationsgottesdienst zusammengesetzt wurde; ein vielarmiger Leuchter für die selbst gestalteten Tauf(erinnerungs)kerzen sowie die in diesem Buch beschriebenen Wand- und Fensterbilder oder die besonderen Installationen im Kirchenraum.

Wichtig war mir, dass diese besonderen Spuren der Konfirmation längere Zeit für die Gemeinde sichtbar bleiben konnten. Konfirmationstermin war jeweils der Rogate-Sonntag, 14 Tage vor Pfingsten. Mindestens bis zu den Sommerferien, manchmal auch darüber hinaus, blieben die Kunstwerke der Jugendlichen in der Kirche. In mehr als 30 Jahren habe ich in sehr unterschiedlich strukturierten Gemeinden keinerlei massiven Protest gegen diese Veränderung im Kirchenraum erlebt. Im Gegenteil, die deutlich von der Handschrift der Jugendlichen geprägten Arbeiten wurden gerne als Beitrag zur Gestaltung des gottesdienstlichen Raumes und Ergebnis der Konfirmandenarbeit akzeptiert. Auch wenn die Jugendlichen nach Abschluss der Konfi-Zeit zumeist erst einmal auf Distanz zum Gemeindeleben gehen, besitzt ihr eigenes Kunstwerk doch einen hohen Erinnerungs-, Wiedererkennungs- und Identifikationswert. Außerdem wird dabei deutlich, dass der Kirchenraum vor allem der gemeinsame Lebens- und Feierraum der Gemeinde und der zu ihr gehörenden verschiedenen Menschen und Gruppen ist. Folgerichtig zeigt er auch wechselnde Spuren ihres Lebens.

In vielen Elterngesprächen wurde mir berichtet, wie prägend die Konfirmandenzeit als erste intensivere Begegnung mit der Kirche und der von ihr vertretenen Überzeugungen erlebt wird: manchmal belastend und sogar beängstigend, oft aber sehr positiv und ermutigend. Ich habe den Eindruck, dass sich die Konfirmandenjahrgänge, mit denen ich Bilder zum Glauben und Installationen zur Bibel entwickeln konnte, zumeist gern an diese gemeinsame Arbeit erinnern, vor allem auch, weil bei diesen Projekten die unterschiedlichsten Begabungen gebraucht wurden und zum Einsatz kamen. Zur Herstellung sind viele unterschiedliche Fertigkeiten, keineswegs nur besonders künstlerische »Gaben« notwendig. (vgl. 1 Kor 12) Meine ersten Erfahrungen mit solch großen Konfi-Projekten habe ich in der Stephanusgemeinde in Neckargemünd bei Heidelberg gemacht. 1974 wurde dort in einem neuen Stadtteil das größte Rehabilitationszentrum für körperbehinderte Kinder und Jugendliche in der Bundesrepublik eröffnet. Mehr als 900 Schülerinnen, Schüler und Auszubildende fanden hier Aufnahme. In allen Konfirmandengruppen arbeiteten nichtbehinderte und körperbehinderte Jugendliche zusammen. In den ersten Jahren vor allem Contergan-Geschädigte, aber auch zahlreiche querschnittsgelähmte Rollstuhlfahrerinnen und -fahrer und spastisch gelähmte Mädchen und Jungen. Unvergesslich ist mir die Gruppe, mit der wir 1976 für den Konfirmationsgottesdienst in der Aula des Reha-Zentrums (der Raum unseres provisorischen Gemeindehauses war dafür viel zu klein) das erste großflächige Altarbild zur Gestaltung dieses sehr nüchternen, kahlen Mehrzweckraumes vorbereiteten.

Der erste Konfi-Jahrgang vor seinem Kunstwerk.

Diesem Anfang folgten in den weiteren Jahren ganz unterschiedliche Projekte und Aktionen, jeweils von einem Freizeit-Team vorbereitet. Später konnten die großen festlichen Gottesdienste in unserem neu errichteten ökumenischen Kirchenzentrum (»Arche«) gefeiert werden. Die Idee eines besonders gestalteten Konfirmations-Projekts übernahmen wir aus den ersten Jahren mit in das neue Haus.

In meiner zweiten Pfarrstelle in Wilhelmsfeld/Odenwald bildete die schöne, 1868 eingeweihte Dorfkirche den Mittelpunkt der Gemeindearbeit. Hier entwickelten wir eine besondere Technik, um die hohen, klar verglasten Kirchenfenster mit den Jugendlichen zu gestalten. In zehn Jahren wurden verschiedene biblische Themen dargestellt und fügten sich schließlich zu einer Gesamtkonzeption zusammen.

Eine dritte Pfarrstelle übernahm ich in Freiburg/Breisgau. Die dortige 12-eckige Auferstehungskirche aus dem Jahr 1962 besitzt zwischen den Beton-Wandelementen herrlich leuchtende Glasfenster. Dieser besondere fast runde Raum forderte uns heraus, verschiedene große Installationen zu biblischen Motiven zu entwickeln.

Bei den in diesem Handbuch vorgestellten Aktionen geht es mir vor allem darum, etwas von der Freude zu vermitteln und hoffentlich anregend weiterzugeben, die alle Mitwirkenden bei dieser Arbeit erlebt haben. Der Weg von den ersten Ideenskizzen bis hin zur künstlerisch-handwerklichen Ausführung soll so entfaltet werden, dass auch eine Übertragung in ganz verschiedene kirchlich-räumliche Verhältnisse möglich wird. Darüber hinaus können die einzelnen Themenfelder natürlich nicht nur mit Konfirmandinnen und Konfirmanden, sondern ebenso mit anderen Gemeindegruppen erarbeitet werden.

Mit den Jugendlichen Fantasie, eigene Ideen und Projekte für die Gestaltung des Kirchenraums zum Konfirmationsgottesdienst zu entwickeln war für mich in 35 Jahren Gemeindearbeit immer wieder eine sehr lohnende Erfahrung, die sich auf viele Bereiche meiner Tätigkeit belebend auswirkte und zu der ich darum mit den folgenden Beispielen ermutigen möchte.

Rudolf Atsma

Abkürzungen:
EG = Ev. Gesangbuch / Ausgabe Landeskirche Baden und Elsass; TG = Taizé-Gesänge; GK = Gottesklang

Alle Abbildungen sind in ihrer ursprünglichen Farbigkeit auf der Homepage des Patmos Verlages zu finden: www.patmos.de

Den Rahmen gestalten

Vorbereiten des Wochenendes

Freizeit-Wochenenden mit Konfirmanden gehören zu den besonders intensiven, aber auch ebenso lohnenden Aufgabenfeldern kirchlicher Arbeit. Die Möglichkeit, mehrere Tage mit den Jugendlichen zusammen zu erleben und zu gestalten, ist in der Regel eine sehr verbindende Erfahrung. Wesentlich ist eine gute, solide Planung und ein Leitungsteam, das den jeweiligen Begabungen und Interessen entsprechend die verschiedenen Aufgaben wahrnehmen kann.

Zu jedem Konfi-Kurs gehörten in unserem Konzept zwei Wochenenden. Das erste – kurz nach den Sommerferien – diente dem Kennenlernen und der Vorbereitung des Vorstellungsgottesdienstes. Beim zweiten – meistens nach den Osterferien – stand das Thema der Konfirmation im Mittelpunkt und die damit verbundene kreativ-künstlerische Gestaltung. Der Weg mit den Jugendlichen zur Entwicklung, Skizzierung und Gestaltung des Konfirmationsprojektes erforderte eine detaillierte vorausgehende Vorbereitung: Ideensammeln, Herstellen von Arbeitsblättern, Besorgen der Materialien, Ergänzen des Farb- und Pinselsortiments usw. Mit den Jahren hat sich natürlich eine gewisse Routine ergeben, aber jedes Thema verlangte doch eine ganz eigene Vorarbeit und Entwicklung. Immerhin ist es in der Regel gelungen, jeweils am Sonntagmorgen eines Freizeitwochenendes schon die fertigen neuen »Werke« in einem einfachen improvisierten Gottesdienst darzustellen und Kommentare der »Künstler/innen« dazu auszutauschen. In der Woche vor der Konfirmation wurden die Arbeiten zu Hause noch einmal überprüft und dann im Kirchenraum installiert. So bildeten sie für den Konfirmationsgottesdienst den thematischen Rahmen und wurden mit eigenen und biblischen Texten von den Konfirmand/innen erläutert und vorgestellt.

Ideen entwickeln

Auf der Suche nach einem Thema können verschiedene Gesichtspunkte hilfreich sein: der Name einer Kirche oder des Gemeindehauses; der Predigttext des Konfirmationssonntags; die Themenfelder und Schritte auf dem Weg zur Konfirmation oder bestimmte politisch und gesellschaftlich stark berührende Erfahrungen in der Konfi-Zeit. Oft hat es mir geholfen, wenn ich einmal im Kirchenraum eine längere Zeit für mich alleine hatte, um in der Stille verschiedene Ideen zu prüfen und zu meditieren. Das rechtzeitige Gespräch – ca. drei bis vier Monate vor dem Freizeitwochenende beginnend – und das gemeinsame Planen im Mitarbeiterkreis gibt vielfältigen Einfällen Raum und wirkt zumeist sehr inspirierend.

Finanzierung

Natürlich sollte im Haushaltsplan der Gemeinde rechtzeitig ein entsprechendes Budget (ca. 200 bis 500 Euro – je nach Projekt) vorgesehen werden. Daneben ist aber gerade diese Arbeit mit Jugendlichen erfahrungsgemäß auch ein sehr geeignetes Sponsoring-Projekt. Nicht nur im Kreis der Eltern der Konfirmanden, auch bei örtlichen Firmen (z. B. durch Sachspenden für den Maler- oder Papierbedarf) ist es in der Regel einfach, Unterstützung zu erhalten. Eine gebührende Erwähnung im Gemeindebrief ist dann natürlich – wenn gewünscht – selbstverständlich. Für unser Projekt »Die Hütte Gottes bei den Menschen« spendierte uns ein begeisterter Konfirmandenvater z. B. die gesamten 260 Meter Stoff! Nach der Deinstallation des »Zeltes« wurden die Bahnen passend zerschnitten und zur schon lange geplanten Erneuerung der Gardinen im Gemeindesaal verwendet. So bekam dieses Projekt auch noch eine ungeahnte Nachhaltigkeit.

Planen der Schritte zur Durchführung

Zur Vorbereitung des Wochenendes gehört natürlich nicht nur die inhaltliche Beschäftigung mit dem Thema und die sich daraus ergebende didaktisch-methodische Planung der einzelnen Schritte. Genauso gründlich muss auch die praktisch-technische Seite durchdacht und besorgt werden. Bei den Wilhelmsfelder Kirchenfenstern (Jahrgang 1868) stellte sich zum Beispiel heraus, dass sie keineswegs alle exakt gleiche Abmessungen hatten. Die ca. 125 Jahre alten Schrauben zur Aufhängung an den Eisenbändern waren von Hand geschmiedet und zum Teil nur sehr schwer zu drehen. Kleine Details, die aber rechtzeitig bedacht sein müssen!

Die Besorgung der Materialien braucht ebenfalls Zeit. Spätestens zwei bis drei Monate vor dem Wochenende sollte mit der Planung und der Zusammenstellung der Materialliste begonnen werden. Ausreichend Zeit zur Bestellung und Beschaffung sind zu berücksichtigen, um verschiedene Angebote prüfen zu können und unnötigen Stress zu vermeiden.

Buchen eines geeigneten Hauses

Der erste Schritt – oft schon bis zu zwei Jahre im Voraus geplant – ist die Buchung eines für diese besonderen Aktionen geeigneten Hauses. Das Umgehen mit Farben, frisch bemalten Plexiglasflächen, Klebstoff, großen Papierbahnen, Wasser zur Reinigung der Pinsel etc. erfordert Räume mit großflächigen, möglichst für Nässe unempfindlichen Böden. In jedem Fall ist eine gute Bodenabdeckung mit ausreichend Folienmaterial zu empfehlen. Das erspart z. B. langes, mühsames Abkratzen von Farbresten …! Bei sonnigem Wetter haben wir auch gern draußen im gepflasterten Hof unseres Freizeitheims gearbeitet.

Zeitplan für das Wochenende aufstellen

Sind die ersten Ideen entwickelt und die einzelnen Arbeitsschritte überlegt, ist es hilfreich, ein kleines »Drehbuch« für das Wochenende zu entwerfen. So wird der Ablauf für das Freizeit-Team transparent und auch die einzelnen Verantwortlichkeiten können vereinbart und eingetragen werden. Das folgende Grundmuster, das verschiedene Veränderungen je nach Thema und Interessen ermöglicht, hat sich in vielen Jahren bewährt:

Zwei Wochen vor der Freizeit

Info- und Packzettel für die Jugendlichen und ihre Eltern erstellen.

Das folgende Muster ist je nach Ausstattung des Hauses zu verändern und anzupassen. Eine Besprechung in der Konfi-Gruppe ist unbedingt nötig, um für das Projekt klare Absprachen zu treffen. Es hat sich außerdem sehr bewährt, rechtzeitig vor der Freizeit zu einem Elternabend einzuladen, unter anderem auch, um die eventuell notwendigen Fahrgemeinschaften zu bilden. Folgende Punkte sind unbedingt aufzunehmen:

Thema des Wochenendes:

Ort:

Abfahrt:

Rückkehr:

Gepäck: Einfache, strapazierfähige (auch warme!) Kleidung; Malerkittel (oder alte Hemden, die auch ein paar Farbtupfer vertragen); Regenschutz; solide Schuhe; Haus- und Turnschuhe; Waschzeug; Konfi-Kursbuch; Bibel; Gesangbuch; Notizpapier; Schreibmaterial; Musikinstrumente (Keine CD-Spieler, MP3-Player ... Wir singen selber!); Kuchen oder Beitrag zum Abendbrot; Spannbetttuch; Schlafsack und – falls benötigt – Kopfkissen.

Kosten: Ein Zuschuss ist in Einzelfällen möglich.

Alle Teilnehmer/innen sind gegen Unfall versichert.

Donnerstag vor dem Wochenende
Zusammentragen und Einpacken der Materialien.

Zeitplan für das Wochenende
Freitag:
16.00 Abfahrt
(Öffentliche Verkehrsmittel oder PKW-Fahrgemeinschaften)
17.00 Ankommen: Zimmerbelegung/Auspacken
18.00 Abendessen
19.00 Singen/Spielen

Das Thema entdecken
20.00 Einführung ins Thema
21.15 Pause
21.30 Spätvorstellung: Film zum Thema
23.00 Abendgebet/Nachtruhe

Samstag
8.00 Frühstück
9.00 Beginn/Morgengebet

Die biblischen Grundlagen und andere Texte kennenlernen. Fantasie zur kreativen Umsetzung des Themas entwickeln
9.15 Texte erarbeiten und erste Einfälle austauschen
10.00 Pause
10.30 Anfertigen von Skizzen
12.00 Vereinbarungen zur Gesamtdarstellung
13.00 Mittagessen/Anschließend Einrichten der Mal- und Werktische
14.30 Kaffee und Kuchen

Mal-Werkstatt
15.00 Anfertigen der Originalbilder
18.30 Pause/Aufräumen
19.30 Abendessen
20.30 Nachtwanderung o. a.
23.00 Abendgebet/Nachtruhe

Sonntag
8.00 Frühstück

Gottesdienst feiern/Erste Begegnung mit dem Kunstwerk
9.30 Gottesdienst mit Erläuterung der Bilder
11.00 Absprachen zur Konfirmation
11.30 Aufräumen/Hausreinigung
12.00 Mittagessen
13.30 Einpacken und Rückfahrt

Durchführung

Ankommen/Orientierung

Es hat sich bewährt, die Konfi-Wochenenden nicht im eigenen Gemeindehaus, sondern an einem anderen noch gut mit öffentlichen Verkehrsmitteln oder PKW erreichbaren Ort zu verbringen. Nur im Notfall habe ich auch zu Hause mit den Konfirmand/innen solch eine Gestaltungsaufgabe durchgeführt. Aber die gewohnte Umgebung und die Möglichkeit, in den Pausen mal schnell weg zu gehen, erwies sich immer als störender Faktor.

Am Freitagnachmittag, am Ende einer Schulwoche zu beginnen bedeutet natürlich auch, immer ausreichend Zeit vorzusehen, um die zurückliegenden Tage hinter sich zu lassen und am Freizeitort anzukommen. Zimmereinteilung, Tischdienst-Liste und Hausregeln haben Brückenfunktion. Nach dem Abendbrot und einer anschließenden Runde mit Spielen und Singen ist eine erste Hinführung zum Thema des Wochenendes sinnvoll. Ein inhaltlich passender Film kann es zum Abschluss des Tages auf andere Weise vertiefen.

Erste Skizzen und Entwurf einer Gesamtkonzeption

Nach dem Beginn am Samstagmorgen werden grundlegende Texte und dazugehörige Materialien vorgestellt und mit Leitfragen erarbeitet. Dieser Schritt führt zur Anfertigung erster freier Skizzen. Die Kleingruppen arbeiten noch völlig unabhängig vom späteren Format, von der endgültigen Farbgebung und einer überhaupt erst noch zu erfindenden Gesamtkonzeption.

Die Skizzen werden vorgestellt und diskutiert. Dabei sind entscheidende Kriterien der Bewertung nicht nur die Idee und die Darstellungsform, sondern auch ihre vermutliche Wirkung im Kirchenraum. Da die Jugendlichen zumeist kaum Erfahrung im Gestalten großer Flächen haben, fallen die Motive oft zu klein aus. Hier ist in der Regel eine deutliche Korrektur der ersten Entwürfe nötig und eine Ermutigung zur größeren Form. Es ist hilfreich, auch dabei schon zu einer Auswahl von wenigen Motiven zu raten und nicht möglichst viele gute Ideen auf einem Blatt unterbringen zu wollen. Blasse Farben müssen mit einer schwarzen Linie umrissen werden, die aber später bei den im Kirchenraum installierten Bildern kaum noch zu sehen ist.

In dieser Phase werden bereits die unterschiedlichen Begabungen der Jugendlichen zu künstlerisch-kreativem Tun oder mehr organisatorisch-technischer Arbeit deutlich. Für die Entscheidungsfindung sollte ausreichend Zeit gegeben sein, weil hier auch die Weichen für die Aufgabenverteilung am Nachmittag gestellt werden.

Natürlich gibt es unter den ersten Skizzen viele Dubletten, die aber schon ein Hauptthema erkennen lassen, welches dann in der Gesamtdarstellung seinen Platz finden soll. Aus den geeignet erscheinenden Entwürfen wird gemeinsam eine Konzeption in thematischer und gestalterischer Hinsicht entwickelt. Eine große Tafel oder freie Wandfläche ist zur Anordnung unbedingt hilfreich.

Am Ende sollten das gesamte Projekt und einzelne Teilbereiche so weit geklärt sein, dass sich die Mal- und Arbeitsgruppen für ihre Aufgabe entscheiden und vorbereiten können. Wenn die Zeit reicht, können in der letzten Phase des Vormittags noch die Skizzen auf Papier in Originalgröße übertragen werden. Dabei sind nicht nur die Konturen, sondern auch Ideen zur Farbgebung auszuprobieren.

Für die Anfertigung von Glasfenstern ist eine möglichst detaillierte Darstellung wichtig, die keine späteren Korrekturen mehr notwendig macht. Der fertige Entwurf wird dann einfach unter das Plexiglas gelegt und mit Glasmalfarben auf die Scheibe übertragen.

Vor dem Mittagessen sollten auch die rein praktischen – aber nicht weniger verantwortungsvollen – Aufgaben (Pinsel-, Farben-, Reinigungsdienst u. a.) verteilt werden. Hier können sich die Jugendlichen engagieren, die einfach nicht gern malen oder keine künstlerische Ader haben ...

Einrichten der Maltische

Nach dem Mittagessen werden die Maltische eingerichtet: Schutz der Tischflächen mit Folien, Bereitstellen von Farbstiften, Malutensilien usw. Beim Herstellen der Wandbilder liegt das in der Mittagspause (oder bereits zu Hause) zusammengeklebte Groß-Poster auf dem Boden. Bei den Glasbildern werden die Skizzen – soweit nicht schon am Vormittag geschehen – auf weiße Papierbögen übertragen, die im Originalformat der Fenster zugeschnitten sind. Bei mehreren Teams ist natürlich eine entsprechende Anzahl Tische optimal. Aber es können auch gut zwei Kleingruppen an einem Tisch arbeiten. Farben und Pinsel werden auf einem zentral stehenden Tisch vorbereitet. Beim Mischen der Farben sollte unbedingt ein schon erfahrenes Mitglied der Freizeitleitung behilflich sein, um zu viele Fehlversuche und unnötige Kleckserei zu vermeiden! Auf jeden Fall sollten ausreichend Farbbecher, Lappen, Haushaltspapier sowie große Müllbeutel bereitliegen.

Anfertigen der Originalbilder

Im letzten Arbeitsgang werden nun bei den Wandbildern die einzelnen Segmente und Großskizzen auf das Poster übertragen. Erstaunlicherweise habe ich dabei selten echte Pannen (Verwischen von Farben, Klecksen, Drüberlaufen …) erlebt. Der Spaß an dieser Aufgabe verbindet sich zumeist mit einer großen behutsamen Ernsthaftigkeit im Umgehen mit dem Material. Auch sehr dynamisch-motorische Jugend-

liche habe ich in dieser Phase der Arbeit bemerkenswert konzentriert und ruhig erlebt. Die von den Konfirmanden selbst mitgebrachte Musik war dabei (meistens) förderlich.

Bei jedem Projekt haben wir uns gewundert, dass es den Jugendlichen fast ohne Unterbrechung möglich war, zwei bis drei Stunden konzentriert bei dieser Aufgabe zu bleiben, bis sie selbst damit zufrieden und fertig waren.

Die Farben werden von einem zentralen Tisch ausgegeben. Besondere Farbmischungen werden hier ausprobiert. Pinsel in verschiedenen Breiten und Farbbecher müssen ausreichend bereitstehen. Ebenso ein Wassereimer zum Auswaschen der Pinsel. Da die Farben langsam trocknen, ist ein Übermalen erst nach einer Wartezeit möglich.

Bei der Anfertigung der Glasbilder werden die original Plexiglas-Scheiben auf die fertigen Großskizzen gelegt. Die unten liegende Vorlage wird mit den Glasmalfarben nachgezeichnet und übermalt. Bei manchen, (z. B. sehr hellen) Flächen ist es notwendig, die Formen umrisshaft mit einem dünnen schwarzen Strich zu umranden. Die Glasflächen müssen während des Malvorgangs unbedingt flach auf dem Tisch liegen bleiben, damit ein Verlaufen der Farben vermieden wird. Da aber der fertige Entwurf buchstäblich der Gestaltung der Glasscheibe ›zugrunde‹ liegt, können zwei bis drei Konfirmanden ohne Weiteres an verschiedenen Stellen gleichzeitig arbeiten.

Zum endgültigen Trocknen der Farben werden die Glasscheiben auf Tischen nebeneinander liegend gesammelt. Auf keinen Fall dürfen die Scheiben zu früh aufgestellt werden, weil sonst dick aufgetragene Farben verlaufen!

Nach der Reinigung von Pinseln und Malbechern mit klarem Wasser und dem Aufräumen des Arbeitsraumes dient der Rest des Abends der Erholung.

Aufräumen

Es ist unbedingt hilfreich, schon am Vormittag, im Zusammenhang mit der praktischen Entwicklung des Projekts, auch zu vereinbaren, wer am Ende für die Aufräumarbeit zuständig ist. Wenn die fertigen Kunstwerke zum Trocknen in einem eigenen Raum gesichert und aufbewahrt sind, kann der Putzdienst mit der Arbeit beginnen. Das Wegräumen der vielen Skizzenpapiere, der Abdeckfolien, der Farbtöpfe und die Versorgung der Farbreste, Waschen und Trocknen der Pinsel usw. ist kein sehr beliebter, aber unbedingt notwendiger Bestandteil der gemeinsamen Arbeit und sollte entsprechend gewürdigt werden! Ausreichend Müllsäcke zum Trennen der verschiedenen Reste erleichtern die Arbeit.

Gottesdienst feiern/Erster Blick auf das Kunstwerk

Noch vor dem Frühstück am Sonntagmorgen traf ich oft Konfirmanden, die unbedingt einen ersten Blick auf die fertig getrockneten Kunstwerke werfen wollten. Es war immer fast dieselbe Stimmung wie bei der weihnachtlichen Bescherung.

Der Gottesdienst gibt allen Jugendlichen Gelegenheit, einen eigenen Kommentar zu dem entstandenen Bild zu geben. Der für die Konfirmation vorgesehene Predigttext, der ohnehin die Arbeit dieses Wochenendes begleitet, bekommt dabei in vielfacher Weise ein sehr persönliches, von den Jugendlichen geprägtes Kolorit.

Um dem Konfirmationssonntag das Überraschungsmoment zu erhalten, haben wir mit allen Künstler/innen am Ende unseres Wochenendes immer strenges Stillschweigen (auch gegenüber der eigenen Familie) zum Ergebnis unserer gemeinsamen Arbeit vereinbart!

Materialien/Grundausstattung

Die im Folgenden aufgeführten Materialien (für eine Gruppengröße von ca. 20–25 Jugendlichen) stellen eine sinnvolle Grundausstattung dar. Natürlich ist sie den jeweiligen Aufgaben und Gruppengrößen anzupassen und entsprechend zu verändern. Für die in diesem Handbuch beschriebenen besonderen Projekte ist der zur Ausführung zusätzlich notwendige Bedarf im jeweiligen Kapitel dargestellt.

- Bibeln
- Arbeitsblätter
- Gottesdienstliteratur
- Gesangbücher/Liedblätter mit Liedern zum Thema

- Wolldecken
- Taizé-Hocker/Meditationskissen
- Kerzen in verschiedenen Größen (z. B. Teelichter und Untersetzer)
- Streichhölzer
- Bunte Tücher zur Raumgestaltung
- Klangschale
- Notenständer/Noten-Literatur
- Musikinstrumente, z. B. Gitarre
- Dünne Filzstifte (ca. 50/verschiedene Farben)
- Dicke Filzstifte (ca. 25/verschiedene Farben)
- Wachsmalstifte (ca. 50/verschiedene Farben)
- Buntstifte (ca. 25/verschiedene Farben)
- Bleistifte (ca. 25)
- Scheren (ca. 25)
- Klebstoff (ca. 10 Tuben und 10 Klebestifte)
- Reißzwecken
- Bindfaden
- Wäscheklammern (evtl. zum Aufhängen der Skizzen)
- Grundausstattung Werkzeug (Hammer, Zange, Zollstock etc.)
- Tesakrepp (ca. 5 bis 10 Rollen/verschiedene Breiten)
- Zeichenpapier-Rolle/n je nach Projekt
- Pappen in verschiedenen Größen und Farben
- Schmierpapier (ausreichend in verschiedenen Größen)
- Lappen
- Küchenpapier (ca. 4 Rollen)
- ca. 60 bis 80 Jogurt- oder Pappbecher/Gläschen
- Pinsel (ca. 50/verschiedene Größen und Breiten)
- ca. 20 kleine Holzstäbe (20 bis 30 cm) zum Anrühren der Farben
- Abdeckfolien (mittlere Stärke, ausreichend für 50 bis 100 m^2)
- Wassereimer
- Müllbeutel
- Kabelrolle
- Taschenlampe
- Spielmaterial für Gruppenspiele
- Luftballons

- Tischtennisschläger und -bälle; Volleyball; Fußball; Luftpumpe
- Preise für Gruppenspiele (z. B. Süßigkeiten aus fairem Handel)
- CD-Spieler
- Beamer/Laptop/DVD
- Reiseapotheke (!)
- Geldtasche
- Spezielle Materialien je nach Projekt:
  - Abtönfarben (Auswahl und Mengenangaben siehe »Wandbilder«)
  - Wasserlösliche Glasmalfarben (Auswahl und Mengenangaben siehe »Fensterbilder«)
  - Holz- oder Styropor-Platten; Seile; Stoffbahnen, u. a. (Auswahl und Mengenangaben siehe »Installationen«)

Die Arbeit der Zusammenstellung der benötigten Materialien wird durch die Anschaffung einiger großer, stabiler, falt- und stapelbarer Körbe erheblich erleichtert. Darin kann man auch zu Hause alles bis zur nächsten Freizeit gut aufheben. Vor dem Wochenende ist dann der Inhalt nur noch zu überprüfen und das fehlende Material zu ergänzen.

| Wandbilder

Freie Flächen gestalten

1975 begann in der neu gegründeten Stephanus-Gemeinde in Neckargemünd der erste Konfirmandenjahrgang. 32 Jugendliche, darunter ein Drittel Körperbehinderte, trafen sich seit September regelmäßig zum Unterricht und in den von ihnen gestalteten Konfirmandengottesdiensten. Alles ganz ungewohnt. Kaum Erfahrungen im Umgang miteinander. Beim ersten Wochenende zu Beginn des Kurses wurde die Scheu voreinander aber bald überwunden. Das offene Gespräch über verschiedene Formen von körperlichen Beeinträchtigungen war hilfreich. Die nicht behinderten Jugendlichen hörten aufmerksam und sensibel zu, wenn ein spastisch gelähmter Junge selbst berichtete, wodurch seine Behinderung entstanden war und wie er gelernt hatte, damit zu leben. Allein schon die Notwendigkeit, sich auch in seine mühsam artikulierte Sprache einzuhören, bedeutete für alle eine wichtige Übung. Ein gemeinsames Rollstuhltraining, bei dem die nicht behinderten Jugendlichen im Rollstuhl sitzend von den Behinderten – soweit möglich – durch einen kleinen Parcours mit verschiedenen Aufgaben geschoben wurden, eröffnete für alle ganz ungewohnte Perspektiven.
Vor diesem Hintergrund bedeutete die Vorbereitung der Konfirmationsfeier natürlich eine besondere Herausforderung. Die evangelische Stephanus-Gemeinde und die katholische Franziskus-Gemeinde verfügten in den ersten Jahren nur über ein kleines ökumenisch genutztes Gemeindehaus. Im dortigen Gottesdienstraum die Konfirmation mit den zu erwartenden ca. 500 Gästen zu feiern: ausgeschlossen! So bot es sich an, die große Aula des benachbarten Reha-Zentrums, in dem die behinderten Jugendlichen auch unter der Woche wohnten und zur Schule gingen, für unseren ersten Konfirmationsgottesdienst zu nutzen. Dieser Raum hatte allerdings nur eine sehr nüchterne, vielen Zwecken dienstbare Ausstattung. Um ihn für den Gottesdienst zu beleben, stellten wir zahlreiche junge Birken ringsherum an den Wänden auf. Auf der Bühne (ca. 6 × 20 Meter!) war ausreichend Platz für einen größeren Tisch als Altar, daneben ausreichend freie Fläche für die Konfirmanden und unsere Musikgruppe »Ararat«.

Die Rückwand des Bühnenpodestes allerdings bildeten zahlreiche graue Schiebewandelemente, vor denen unser Altarschmuck kaum zur Geltung kommen konnte. So entstand die Idee, hier eine besondere Gestaltung mit den Konfirmanden vorzubereiten: Ein großes, gemeinsam zum Konfirmationsthema erarbeitetes und von allen gemaltes Bild.

Zum Reha-Zentrum gehörte ein schönes, rollstuhlgerechtes Freizeitheim in der Pfalz. Dort gab es ausreichend Platz, um unser großes Vorhaben zu realisieren. In die erste Begeisterung mischte sich – je konkreter die Details wurden – auch Skepsis, ob wir eine solch riesige Fläche Papier – immerhin 18 m^2 – ansprechend gestalten könnten.

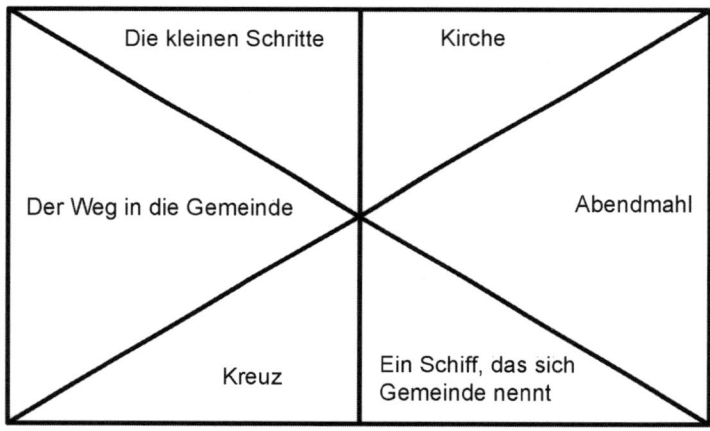

Nach der Erarbeitung von sechs Themenfeldern, die uns auf dem Weg zur Konfirmation begegnet waren, wurden am Samstag die Zeichenpapierbahnen zusammengeklebt. Danach wurde die große Fläche aufgeteilt und die Skizzen der einzelnen Gruppen in groben Umrissen auf das Original übertragen.

Zahlreiche Jugendliche in dieser Gruppe hatten – auf Grund einer vorgeburtlichen Contergan-Schädigung – schwere Gliedmaßenfehlbildungen. Dennoch wurde unser Bild von ihnen nicht weniger erarbeitet und gestaltet als von den nichtbehinderten Konfirmanden. Beim Malen saßen alle um das 3 × 6 Meter große Posterpapier herum. Wo es nicht anders ging, saßen die Künstler/innen aber auch auf dem Papier. Einige der Behinderten malten mit dem Fuß, andere mit ihren kaum ausgebildeten Armen. Einen Jungen mit ganz kurzen, stark gebogenen Beinen mussten wir schließlich vom Bild heruntertragen, weil er rings um sich her das Motiv »Kleine Schritte« gemalt hatte und am Ende ganz von ihnen umgeben war!

Die Jugendlichen rührten gemeinsam die Farben an, brachten die Farbbecher zum Arbeitsplatz, wuschen Pinsel aus und waren natürlich auch selbst beim Malen intensiv beteiligt.

Am nächsten Morgen feierten wir im Freien mit unserem Kunstwerk in der Mitte Gottesdienst. Nicht nur die strahlende Sonne, auch die staunenden Kommentare der Jugendlichen brachten unser Werk zum Leuchten. Zwei Wochen später bildete dieses Altarbild dann – in einem Rahmen aus Holzlatten gesichert und vor den grauen Schiebewandelementen befestigt – den Blickpunkt des ersten Konfirmationsgottesdienstes in der Aula des Rehabilitationszentrums. Dass die Kirche bei unserer Darstellung »auf dem Kopf« stand, war den Gottesdienstbesuchern schnell durch die Entstehungsgeschichte des Bildes zu vermitteln und regte zu mancherlei Assoziationen an …

Damit hatte eine Arbeit begonnen, die mich über 35 Berufsjahre hin begleitete und mit jedem Konfirmandenjahrgang eine erneute besondere Aufgabenstellung bedeutete.

Freie Flächen im Kirchenraum können zur Gestaltung einladen. Da es sich bei dieser Arbeit mit den Jugendlichen nicht um Kunstwerke für die Ewigkeit handelt, sondern aus dem Erleben der Konfi-Zeit entwickelte und gemeinsam gestaltete Projekte, sind sie jederzeit wieder aus dem Raum zu entfernen.

Diese Voraussetzung hat sich – vor allem im Gespräch mit Kirchengemeinderäten, die ihre Bedenken vortrugen – als sehr hilfreich erwiesen. Manche unserer Konfi-Bilder blieben aber dann doch viel länger in der Kirche hängen als eigentlich geplant. Einige wurde später an einer großen freien Wand im Konfirmanden-Raum untergebracht und hatten da natürlich auch Aufforderungscharakter für den nächsten Kurs: »Malen wir bei unserem zweiten Wochenende auch solch ein großes Bild …?« Besonders eindrücklich ist es, dass diese Bilder, die deutlich die Handschrift der Jugendlichen tragen, in der Gemeinde gern akzeptiert werden als anschauliches Ergebnis der Konfirmandenarbeit. Auch für die meisten Jugendlichen selbst bleibt damit eine deutliche Erinnerung verbunden, sogar wenn der Kontakt zur Gemeinde nach der Konfirmation kaum noch wahrgenommen wird.

Technisch-organisatorische Hinweise

In der Planungsphase ist zunächst einmal zu prüfen, welche Wand (oder Wände) im Kirchenraum (oder Gemeindesaal) sich für eine Gestaltung eignet. Bei der Bemessung der Größe sollte ein ausreichend freier Rand bedacht werden, damit später bei der Aufhängung des Rahmens keine Probleme entstehen. Wo es schwierig erscheint, ein Bild direkt an eine freie Wandfläche zu hängen, ist auch eine Aufstellung des Rahmens auf dem Boden möglich.

Herstellung des Groß-Posters

Das Groß-Poster wird aus Bahnen, die von einer Zeichenpapierrolle geschnitten werden, zusammengeklebt. Solche Rollen sind in Bastelgeschäften, aber auch über das Internet zu besorgen. Ein 80 Gramm starkes Papier, 50 cm hoch, 50 m lang kostet ca. 15 €. Je nach Länge und Breite des geplanten Bildes ist aber ein 100 bis 120 Gramm starkes Papier ratsam, weil es nicht so leicht reißt.

Bevor die Anfertigung des Groß-Posters beginnt, ist der gesamte Boden gut mit einer Malerfolie abzudecken und zu schützen. Wichtig ist, dass man die Arbeitsfläche nur noch mit Socken betreten darf, um ein Einreißen der Folie und des Papiers zu vermeiden.

Nun werden alle benötigten Bahnen zugeschnitten. Für eine Fläche von 3 × 6 m braucht man bei einer Papierhöhe von 50 cm sieben Bahnen (mit Randzugabe). Die geschnittenen Bahnen werden aufeinander geschichtet, dann nacheinander vom Stapel genommen und an ihrem Außenrand mit Klebstoff versehen. Flüssiger Klebstoff eignet sich dazu wesentlich besser als Klebestifte. Die zweite Papierbahn wird daneben gelegt und behutsam (und gerade!) auf den Kleberand der ersten gepresst. Für diese Arbeit braucht man zwei Jugendliche, die eine ruhige Hand haben!

Sind alle Bahnen geklebt, sollten die Kleberänder mit einem breiteren Tesakrepp zusätzlich gesichert werden. Am besten hat es sich bewährt, ein Gitter von Tesakreppstreifen im Abstand von ca. 50 cm auf der Rückseite des großen Papiers anzubringen. Auch die Außenränder sind damit vor einem Einreißen geschützt. Ist das Zusammenkleben und Sichern der Kleberänder erledigt, wird das fertige Groß-Poster vorsichtig von der Rückseite auf die weiße Vorderseite umgedreht.

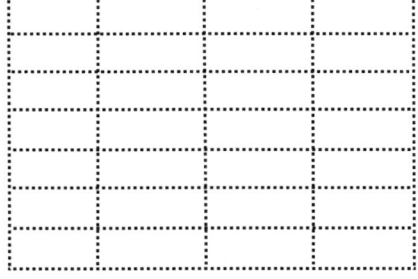

Jetzt kann die Übertragung der Skizzen auf die Original-Fläche beginnen. Ein weicher Bleistift ist dafür empfehlenswert, um Korrekturen und Änderungen leicht vornehmen zu können. Aber auch ein dünner schwarzer Filzstift ist geeignet und fällt später nach der Bemalung des Bildes nicht mehr auf.

Farben, Pinsel usw.

Zum Malen haben sich wasserlösliche Dispersions-Abtönfarben bewährt. Sie sind leicht zu verdünnen, gut untereinander zu mischen und trocknen – wenn sie nicht zu dick aufgetragen werden – relativ schnell. Korrekturen durch Übermalen sind leicht möglich. Die Pinsel sind gut zu reinigen, solange die Farbe noch frisch ist. Spätestens nach ca. 30 Minuten beginnt die Farbe zu trocknen! Es ist sinnvoll, immer einen Wassereimer in der Nähe des Tisches, an dem die Farben ausgegeben werden, bereitzustellen, um nicht mehr gebrauchte Pinsel sofort auszuwaschen. Dasselbe gilt für einen Müllsack, in dem verschmierte oder nicht mehr gebrauchte Farbbecher entsorgt werden können. Beim Mischen der Farben sollte zunächst immer nur eine kleine Menge ausgegeben werden. Nach einer Probe auf dem Zeichenpapier kann dann die gebrauchte Menge angerührt werden. Grundsätzlich ist es einfacher, eine helle Farbe mit einer dunkleren abzutönen, als umgekehrt!

Um unnötige Farbreste, die leicht eintrocknen, zu vermeiden, sind 0,5-Liter-Tuben vorteilhaft. Sie sind in jedem Baumarkt erhältlich. Bei der Auswahl sollten mehr Grundfarben als Mischfarben dabei sein, damit Zwischentöne selbst hergestellt werden können. Die folgende Palette hat sich gut bewährt und war in der Regel ausreichend:

6 Tuben gelb
6 Tuben blau
6 Tuben rot
4 Tuben schwarz
3 Tuben hellgrün
3 Tuben dunkelgrün
3 Tuben orange
3 Tuben ocker
3 Tuben braun
1 kleiner Eimer (2,5 kg) weiß

Die weiteren Utensilien sind in der Grundausstattung (S. 19 f.) aufgeführt.

Ist das Bild fertig, sollte es möglichst 1 bis 2 Stunden am Boden liegen bleiben, um vollständig durchzutrocknen. Dann kann es ohne Gefahr locker zusammengerollt werden. Die aufgetragene Farbe bröckelt nicht ab, wenn sie nicht zu dick aufgetragen wurde. Bei einer Höhe bis zu 2,50 m kann man das Bild dann gut in einem PKW-Kombi nach Hause transportieren.

Der Rahmen

Zuhause wird das Bild gerahmt und aufgehängt. Der Rahmen wird aus gehobelten Dachlatten, die – in der Regel 2,10 m lang, 10 bis12 Stück in einem Paket – in jedem Baumarkt zu bekommen sind. Die Latten werden der Bildgröße entsprechend zugeschnitten und miteinander verschraubt. Ein wenig Holzleim schafft zusätzliche Festigkeit. Zuerst wird nur der Außenrahmen angefertigt. Das Bild wird mit der bemalten Seite nach unten auf den Rahmen gelegt und mit einem Tacker auf den Latten befestigt. Von der ersten Seite kann dann das

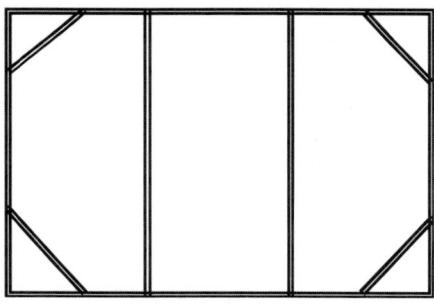

Papier zu anderen hinüber gespannt werden. Dabei ist darauf zu achten, dass sich der Rahmen nicht verzieht. Ist das Bild am Außenrahmen befestigt, werden die Diagonalleisten über der unbemalten Rückseite des Bildes an den vier Ecken angeschraubt. Außerdem geben eine oder zwei Querlatten, die den oberen und den unteren Rand miteinander verbinden, zusätzlichen Halt. Diese Verstärkungen sind also von vorn nicht sichtbar. Als letzter Schritt wird der eventuell überstehende Rand des Bildes mit einem scharfen Messer oder einer Schere sauber an den Rahmenleisten abgeschnitten. Für die Herstellung des Rahmens muss man ca. 1½ bis 2 Stunden einplanen.

Die Präsentation

Ob die Aufhängung mit einem an den hinteren Latten befestigten Seil oder mit zwei bis drei an der oberen Latte eingedrehten Ösen erfolgt, muss von den jeweiligen räumlichen Verhältnissen her entschieden werden. Bei einem ca. 18 m² großen Bild sind für die Aufhängung in der Regel 2 bis 4 in die Wand gedübelte Haken notwendig. Manchmal ist aber auch eine Abhängung von Deckenbalken o. ä. möglich. Natürlich braucht man zur Aufhängung eine stabile, ausreichend hohe Leiter. Gibt es keine Möglichkeit, den fertigen Rahmen an die Wand zu hängen, dann kann man ihn auch auf dem Boden mit zwei bis vier zusätzlichen Latten im Winkel nach hinten gesichert aufstellen. Die Bodenleisten sollten dann ausreichend mit Gewichten (Ziegelsteinen o. a.) beschwert werden.

Wenn das Bild gut aufgehängt (bzw. aufgestellt) ist, sollte geprüft werden, ob eine besondere Beleuchtung mit einem Spot oder kleinem Scheinwerfer sinnvoll ist. Manche Kirchenräume sind so dunkel, dass es schade wäre, wenn die besondere Arbeit der Konfirmanden nicht auch »ins rechte Licht« gesetzt würde. Es bedeutet im Konfirmationsgottesdienst dann einen besonderen Effekt, das Licht erst einzuschalten, wenn das Bild von den Jugendlichen auch kommentiert und gedeutet wird.

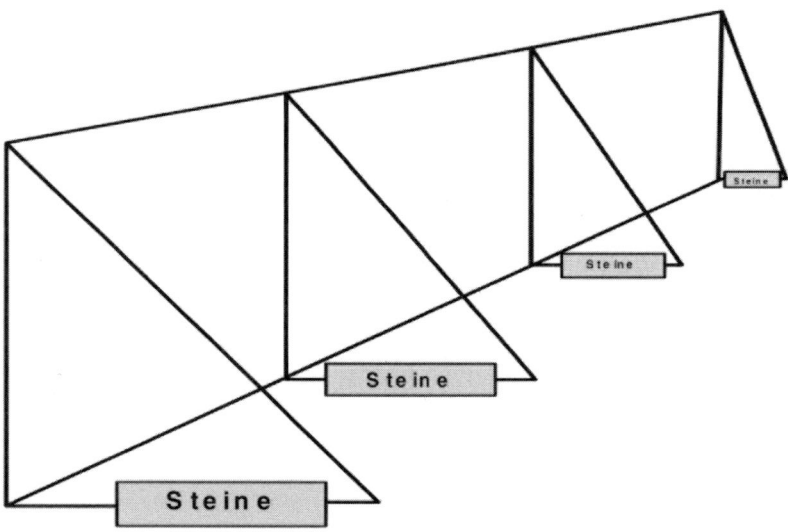

In der Regel haben wir unser Kunstwerk erst am Freitag vor dem Konfirmationssonntag in der Kirche aufgehängt, damit Eltern oder Gemeindeglieder nicht zu früh einen Blick darauf werfen konnten ...

Praxisbeispiele zu Themen aus dem Neuen Testament

Was wir gehört und gesehen haben: Durch-Blicke

Gestaltung eines Wandbildes zu Apostelgeschichte 4, angeregt durch ein Plakat zum Rogate-Sonntag.

Biblisch-theologische Kontexte

Es gibt Augenblicke, in denen wir nicht mehr schweigen können und auch nicht länger schweigen dürfen. Augenblicke, in denen wir nicht mehr danach fragen, ob unsere Worte auch klug, ausgewogen und gut abgesichert sind – und vor allem, welche Wirkung sie möglicherweise hervorrufen. Petrus und Johannes gehören zu diesen Menschen, von denen Lukas so erzählt:

Sie haben Jesus begleitet und sind durch ihn zum Glauben gekommen. Er hatte ihnen gezeigt, was es bedeutet, sich mit seinem Leben Gott anzuvertrauen. Petrus und Johannes hatten bei Jesus gesehen und gehört, wie dieser Glaube an Gottes Liebe Menschen aus ihrer Angst befreite, Verzweifelte aufatmen ließ, Kranke heilte und den Armen neue Hoffnung schenkte – bewegende Erfahrungen, die sie auch nach dem grausamen Tod Jesu tragen und begleiten.

Lukas erzählt im dritten und vierten Kapitel der Apostelgeschichte von einem lahmen Bettler, der jeden Morgen an der »schönen Pforte« des Tempels sitzt und um Almosen bittet. Petrus und Johannes bleiben stehen und Petrus sagt zu ihm: »Silber und Gold habe ich nicht; was ich aber habe, das gebe ich dir: Im Namen Jesu Christi, steh auf und geh umher!« Er fasst ihn bei der Hand. Der Mann spürt plötzlich Kraft in seinen Gelenken; erhebt sich, kann stehen und beginnt zu laufen! Laut dankt und lobt er Gott. Eine große erstaunte Menschenmenge sammelt sich um die beiden und Petrus predigt ihnen die Botschaft vom Reich Gottes, wie es Jesus ihnen gezeigt hat. Es dauert nicht lange, da erscheint die Tempelwache, um der unangemeldeten Demonstration ein Ende zu machen und die beiden Unruhestifter zu verhaften.

Mit erstaunlicher Offenheit und verblüffendem Freimut treten sie am Morgen beim Verhör auf. Den Priestern, die ihnen streng verbieten, noch einmal so im Tempel zu predigen wie am Vortag, antworten sie klar: »Ihr könnt uns verbieten zu reden, so viel ihr wollt, aber sagt selbst, ist es recht, euch mehr zu gehorchen als Gott? Und überhaupt: Wir können's ja nicht lassen, von dem zu reden, was wir gesehen und gehört haben.«

Bis heute ist spürbar, welche Bewegung und Kraft in diesen Menschen steckte, die nach dem Tod Jesu die erste Gemeinde in Jerusalem bildeten, diese kleine Zelle von 12 Jüngern, aus der die Kirche entstand. Keine Verfolgungen, keine Mauern und Grenzen konnten ihre Verkündigung aufhalten. Bis heute ist von dieser Grundbewegung des Glaubens nichts verlorengegangen, allen Dunkelheiten, Verdrehungen und Verfälschungen in der langen Geschichte der Kirche zum Trotz.

Zum Rogate-Sonntag 1984 wurde die Geschichte von der Heilung des Lahmen an der schönen Pforte des Tempels und dem anschließenden Verhör von Petrus und Johannes im Materialdienst des Evangelischen Missionswerkes der EKD verbunden mit dem 50-jährigen Gedenken an das Barmer Bekenntnis. Vom 29. bis 31. Mai 1934 hatte die Bekenntnissynode in Wuppertal-Barmen unter Federführung des Schweizer Theologen Karl Barth in wenigen Sätzen komprimiert zusammengefasst, was für die Kirche im Kontext des nationalsozialistischen Regimes unaufgebbar und richtungweisend war.

So wirkten Thema und Motiv der Rogate-Aktion in diesem Jahr in mehrfacher Hinsicht anregend für unsere Konfirmationsvorbereitung und luden dazu ein, im Rückblick auf die Konfi-Zeit selbst zusammenzutragen und zu gestalten »Was wir gehört und gesehen haben.«

Methodische Hinweise

Hilfreich war für unsere Vorbereitung ein Plakat aus dem Rogate-Material: Es zeigt eine Mauer aus schweren grauen Steinquadern, die nur an einer Stelle durchbrochen ist. Dort wird der Himmel sichtbar, blau leuchtend mit wenigen Wolken: »Was wir gehört und gesehen haben ...« bleibt nicht verborgen, lässt sich nicht einmauern, einsperren und verschweigen. (M 2)

Dieses Bild fand auch – als Handzettel in ausreichender Zahl bestellt – auf der Titelseite unseres Liedblattes zum Konfirmationsgottesdienst Verwendung.

Entwurf und Herstellung des Bildes

Einleitend wurde der Kontext von Apostelgeschichte 3 und 4 in erzählerisch freier Form vorgestellt.

Zur Vertiefung mit eigenen Beobachtungen am Text bildeten wir Kleingruppen (3 bis 4 Jugendliche). Mit dem ersten Arbeitsblatt (M 1) wurde zu einer Aktualisierung und Übertragung der Geschichte im Blick auf eigene Erfahrungen in und mit der Kirche und ihrer Verkündigung aufgefordert. Der dritte Schritt ermöglichte die Umsetzung in eigene Skizzen und Bildentwürfe (M 2).

Nach der Präsentation der Skizzen, die im großen Gruppenraum mit Reißwecken an einer robusten Holzwand befestigt wurden (alternativ: Wäscheleine quer durch den Raum spannen, an der die Skizzen mit Klammern aufgehängt werden), folgte die Auswahl der wichtigsten Motive für das gemeinsame Bild. Dabei wurde auch bereits die Möglichkeit einer Umsetzung auf die große Fläche bedacht. Ausgehend von dem Plakat der Rogate-Aktion einigten wir uns schnell auf eine Mauer mit mehreren Durchbrüchen, vor allem einer großen Öffnung in der Mitte des Bildes: Hier sollten Motive der Hoffnung aufleuchten: ein blühender Baum (Psalm 1), ein Bach (Taufe), darüber ein strahlender Regenbogen (Genesis 9). In einem kleineren Fenster sollten Ähren und ein Weinstock

dargestellt werden (Abendmahl). Im dritten Mauerdurchbruch sollte der Himmel sichtbar bleiben mit einer hellen, warmen Sonne (Kanon: »Der Himmel geht über allen auf ...«).

In der Mittagspause wurden die vereinbarten Motive auf das Originalbild übertragen. Die Mauerdurchbrüche schnitten wir sorgfältig aus. Sie bekamen ringsherum einen aufgeklebten Rand, mit dem sie später wieder auf der Rückseite des großen Bildes eingepasst werden konnten. So war es möglich, am Nachmittag in vier Gruppen getrennt zu arbeiten.

Materialien zur Anfertigung und Arbeitsblätter
Außer den auf S. 19 f. und S. 28 genannten Materialien werden keine weiteren benötigt.

Eine thematische Parallele bildete in einem früheren Jahrgang die Arbeit mit Hesekiel 36,26-28: Hoffnung, die aufblüht vor einem dunklen Horizont – ein Bild, das erst sichtbar wurde, nachdem wir eine große Mauer aus davor gestapelten Möbelkartons abgebaut hatten.

Petrus und Johannes waren gefangen genommen worden, weil von ihnen berichtet wurde, sie hätten einen gelähmten Mann in aller Öffentlichkeit geheilt. Sie begründeten dies mit dem Auftrag, den Jesus ihnen gegeben hatte. Darüber predigte Petrus auf dem großen Tempelplatz, obwohl das für sie natürlich sehr gefährlich war.

Lukas erzählt:
»Im hohen Rat des Tempels stellten sie Petrus und Johannes in die Mitte und fragten sie: »Mit welcher Kraft oder in wessen Namen habt ihr das getan?«
Da sagte Petrus zu ihnen, erfüllt vom Heiligen Geist: »Ihr Führer des Volkes und ihr Ältesten! Wenn wir heute wegen einer guten Tat an einem kranken Menschen darüber vernommen werden, durch wen er geheilt worden ist, so sollt ihr alle und das ganze Volk Israel wissen: im Namen Jesu Christi, (...) steht dieser Mann gesund vor euch.«
Da verboten sie ihnen, jemals wieder im Namen Jesu zu predigen und zu lehren. Doch Petrus und Johannes antworteten ihnen: »Ob es vor Gott recht ist, mehr auf euch zu hören als auf Gott, das entscheidet selbst. Wir können unmöglich schweigen über das, was wir gesehen und gehört haben.«

Aus Apostelgeschichte 4, Einheitsübersetzung

Fragen zur Erarbeitung:

1) Was ermutigt Petrus und Johannes, so furchtlos vor dem Gericht aufzutreten?
2) Was haben sie gesehen und gehört im Zusammensein mit Jesus?
3) Welche Erfahrungen habt ihr in der Konfi-Zeit gemacht?
   Was möchtet ihr gern weitererzählen, was eventuell auch verschweigen?

Was wir gesehen und gehört haben

1) Was steht in deinem Leben manchmal wie eine Mauer vor dir?
2) Was gibt dir Mut und Hoffnung?
3) Fertige dazu Skizzen mit Bildern und Motiven an.

Liturgische Bausteine

Lieder
EG 288 Nun jauchzt dem Herren alle Welt
EG 268 Strahlen brechen viele
EG 436 Herr, gib uns deinen Frieden (Kanon)
EG 653 Herr, deine Liebe
EG 665 Wir haben Gottes Spuren festgestellt
TG 36   Spiritus Jesu Christi

Gebet
Gott, du hast das Leben auf unserer Erde geschaffen und umgibst alles
mit deiner Liebe und deinem Licht.
Manchmal aber scheint alles verdunkelt, vermauert,
ohne Aussicht, ohne Hoffnung.

Wir haben in der Konfirmandenzeit über unser Leben gesprochen.
Wir haben in den Gottesdiensten, bei unserem Konfi-Wochenende und
im Praktikum neue Erfahrungen machen können.
Heute sind wir damit nicht fertig. Viele Fragen sind noch offen.
Guter Gott, sei mit uns. Lass uns gestärkt und ermutigt
mit deinem Segen den Weg ins Leben finden.
Erbarme dich …

Glaubenssätze der Konfirmanden
Was bedeutet Glauben für dich?
• Dass Gott immer auf mich aufpasst und für mich da ist.
• Für mich bedeutet Glauben, beten zu können … z. B. für Kranke.
• Eine Verbindung zwischen mir und Gott.
• Gott lieben, auf ihn vertrauen.
• Ich habe keine Probleme mit meinem Glauben.

Was / Wer hilft dir zum Glauben?
• Viele Menschen, mit denen ich mich über dieses Thema unterhalte:
  meine Familie, Paten und die Konfis.

- Mir hilft es, wenn ich in die Kirche gehe und sehe, wie andere Leute auch glauben.
- Meine Eltern haben mich zum Glauben ›geführt‹. Sie unterstützen mich. Ich denke, meine Kinderbibel auch!!!
- Die Tatsache, dass man sich mit seinem Glauben besser fühlt und besser durchs Leben kommt.

Was macht es dir schwer, zu glauben?
- Wenn alle sagen, dass es Gott nicht gibt.
- Schwere Ereignisse, die ich nicht begreifen kann: Tod, Krankheit, Ungerechtigkeit.
- Dass so viele Menschen verunglücken, diese vielen Kriege und Hungersnöte.
- Dass Forscher immer wieder Theorien aufstellen, wie die Erde entstanden ist, und dabei nichts mit Gott zu tun haben.

Predigtnotizen

Jedes Mal wenn sich angesichts der Bedrohungen unseres Lebens Bekenntnis und Widerstand miteinander verbinden, ist das, als ob ein Stein aus einer dunklen Mauer herausgelöst wird und der blaue Himmel wieder zum Vorschein kommt. Wir haben in unserer Konfirmandenzeit nicht die Augen verschlossen vor den Mauern, die uns umgeben: die Mauern der Ungerechtigkeit zwischen den Menschen der reichen und armen Länder; die Mauern der Angst und des Hasses zwischen Völkern, die mit immer schrecklicheren Waffen gegenseitige Vernichtung androhen; die Mauern des Hochmuts und der Dummheit des Menschen im Umgang mit Gottes Schöpfung. Wir haben davon gehört und manches auch gesehen; auch das wollen wir nicht verschweigen! – Aber umso lebensnotwendiger ist es, vor allem von dem zu reden, was uns den Blick immer wieder freigibt, was uns Mut macht zum Glauben, zum Handeln und – wo nötig – auch zum Widerstand.

Für die Sache des Glaubens, der Liebe und der Hoffnung, für die Sache Jesu gilt das bekannte Sprichwort genau umgekehrt: da ist Schweigen Silber, aber Reden, mutiges und bekennendes Reden Gold! Dazu werden die Konfirmanden gestärkt und ermutigt mit Gottes Segen.

Leben in Fülle: Licht- und Schattenseiten

Gestaltung eines Wandbildes zu Johannes 10,10 und Kolosserbrief 2,3+4,6-10.

Biblisch-theologische Kontexte

An vielen Stellen der Bibel, mit den Schöpfungsgeschichten der Genesis beginnend, wird Gott als Ursprung und Schöpfer eines »erfüllten« Lebens gepriesen. In vielen Psalmen wird staunend die Fülle der Gaben Gottes besungen: »Gott, deine Güte reicht, so weit der Himmel ist, und deine Wahrheit, so weit die Wolken gehen. (…) bei dir ist die Quelle des Lebens, und in deinem Lichte sehen wir das Licht.« (Ps 36)

In den ersten Christengemeinden findet sich die Erfahrung dieser »Fülle« verbunden mit der Person und Botschaft Jesu. So insbesondere in Johannes 10,10 und im zweiten Kapitel des Kolosserbriefes: »In Jesus Christus«, schreibt Paulus, »liegen verborgen alle Schätze der Weisheit und der Erkenntnis. – In ihm begegnet uns Gott leibhaftig.«

Im Konfi-Unterricht haben uns einzelne Abschnitte aus dem Matthäusevangelium die »Schätze« nahe gebracht, die bei Jesus zu finden sind. Vor allem den Schatz seines grenzenlosen Vertrauens zu Gott: »Macht euch nicht zu viele Sorgen, was ihr essen oder anziehen sollt. – Geht nicht unter in all dem, was euch täglich fordert und gefangen nimmt. Sucht vor allem nach Gottes Reich, nach seiner Liebe und Barmherzigkeit in eurer Welt, so hart und grausam sie euch auch oft begegnet. – Sucht nach dem Glauben, der Gott noch Wege zutraut, wo ihr schon lange am Ende seid. – Sucht nach der Hoffnung, die eure wachsende Angst und Verkrampfung lösen kann durch neuen Mut und lebendige Fantasie. Sucht nach dem Schatz der Gnade Gottes, die jedem Menschen angeboten ist ohne Unterschied.«

Alles, was zu einem glücklichen und sinnvollen Leben wirklich notwendig ist, lässt sich finden auf dem Weg des Vertrauens, den wir mit Jesus gehen können. Ein Schatz, der nicht unbedingt einen »Schlüssel zum Erfolg«, bedeutet, aber doch einen Grundstock, ein Grund-Vermögen, auf dem wir unser Leben aufbauen können, mit und trotz all seiner Zweifel und Schwierigkeiten, die keinem erspart bleiben.

Hinführung

»Ich möchte das Leben kennen lernen und mir viele Gedanken machen über Gott. – Ich möchte etwas über eine christliche Gemeinde erfahren, was sie für Aufgaben hat usw. Und über Jesus würde ich gern noch mehr erfahren, als ich schon weiß – und das ist nicht viel! Ich möchte wissen, wie man Gott fühlen kann. – Ich möchte erfahren, was die Konfirmation soll, was sie mir »bringt« oder »nützt« (außer vielen Geschenken). – Ich möchte der Kirche näher gebracht werden, und dass ich, wenn ich einen Gottesdienst besuche, alles verstehe! – Ich möchte erfahren und lernen, wie man mit Enttäuschungen, Pech und anderen Problemen im Leben fertig werden kann. – Ich möchte alles über meine Mitmenschen und Gott erfahren …!«

Mit einer solchen Fülle an Erwartungen hatte unser Konfi-Kurs begonnen. Vier Wochen vor der Konfirmation ging es nun bei unserem zweiten Wochenende darum, mit den Jugendlichen zusammenzutragen, wovon sie ihr Leben erfüllt sehen und welche neuen Erfahrungen sie aus der Konfi-Zeit mitnehmen.

Dabei standen jene Tage noch unübersehbar unter dem Eindruck der Katastrophe von Tschernobyl (26. 4. 1986). Ohne schon das ganze Ausmaß der Folgen zu kennen, die mit diesem GAU verbunden waren, überschatteten die Nachrichten fühlbar das Leben in diesen Wochen. Die kritischen Fragen nach der »Über-Fülle« unseres Konsums, nicht nur im Hinblick auf den maßlosen Verbrauch an Energie, wollten und konnten wir in der Arbeit mit den Konfirmanden nicht aussparen.

Herstellung des Bildes durch die Konfi-Gruppe

Der Ablauf des Wochenendes folgte dem bewährten Plan (S. 12 f.). Am Samstagvormittag wurden zunächst die biblischen Texte erarbeitet (M 1), dann folgte die Übertragung in den eigenen Erfahrungshorizont der Jugendlichen (M 2). Schließlich wurden daraus Skizzen und Motive entwickelt, die wir für die Gesamtdarstellung besprachen und zusammentrugen (M 3).

Als Symbol der Fülle hatten wir ein großes Plakat mitgebracht, auf dem voll aufgeblühte Sonnenblumen zu sehen waren. Dieses Plakat diente uns als Motiv und Anregung, auf die Kerne der Sonnenblume – vorbereitete ockerfarbene und braune Zettel – das zu schreiben, was dem eigenen Leben Halt und Inhalt gibt.

Ein weiteres von den Konfirmanden entwickeltes Motiv nahm Bezug auf die Taufe: An einen Bachlauf quer durch die Mitte des Bildes sollte jeder Jugendliche eine Blume malen, in die er zuhause noch ein Kinder- oder Babyfoto einkleben sollte.

In der linken Hälfte des Bildes entstand eine riesige Müllhalde mit Produkten und Verbrauchsgütern unseres modernen Lebens, die uns in »Hülle und Fülle« zur Verfügung stehen. Darüber unübersehbar das Atom-Symbol ...

Materialien und technische Hinweise

Außer den auf den S. 19 f. und S. 28 genannten Materialien wirkt ein großes Plakat mit schönen leuchtenden Sonnenblumen sehr anregend: Zu beziehen in jedem Postershop (auch im Internet).

Um die (Über-)Fülle täglicher Gebrauchsgüter darzustellen, hatten wir ausreichend Illustrierte mitgenommen, um damit eine Collage anzufertigen.

Bei dieser Arbeit ist darauf zu achten, dass die Auswahl der Bilder beim Durchblättern der Zeitschriften nicht zu viel Zeit in Anspruch nimmt. Am besten zunächst die Fundstücke grob herausreißen und in der Mitte des Arbeitstisches sammeln. Dann die Zeitschriften zur Seite legen und die Bilder über bereitgestellten Papierkörben genauer ausschneiden.

Sind ausreichend Bilder vorbereitet, beginnt die Komposition auf dem Originalbild, zunächst noch ohne Aufkleben, damit Korrekturen leicht möglich bleiben. Auch durch die Anordnung der Bilder lassen sich bestimmte Effekte erzielen.

Im letzten Arbeitsgang werden die Bilder sorgsam am Rand mit Klebstoff versehen und auf dem großen Papier fixiert. Um die Hügel anzudeuten, malten wir verschiedene Farben um die aufgeklebten Bilder ein.

Biblische Texte zum Thema:

In Psalm 36,6-10 steht:
Gott, deine Güte reicht, so weit der Himmel ist, und deine Wahrheit, so weit die Wolken gehen. Deine Gerechtigkeit steht wie die Berge Gottes, und dein Recht wie die große Tiefe. HERR, du hilfst Menschen und Tieren. Wie köstlich ist deine Güte, Gott, dass Menschenkinder unter dem Schatten deiner Flügel Zuflucht haben! Sie werden satt von den reichen Gütern deines Hauses, und du tränkst sie mit Wonne wie mit einem Strom. Denn bei dir ist die Quelle des Lebens, und in deinem Lichte sehen wir das Licht.

Im Johannesevangelium (Kapitel 10,10) lesen wir als Wort Jesu:
»Ich bin gekommen, damit sie (gemeint sind Menschen, die Jesus folgen) das Leben haben und es in Fülle haben.« (Einheitsübersetzung)

Im Kolosserbrief (Kapitel 2,3+4,6-10) schreibt Paulus:
»In Christus liegen verborgen alle Schätze der Weisheit und der Erkenntnis. Ich sage das, damit euch niemand betrüge mit verführerischen Reden.
Wie ihr nun den Herrn Christus Jesus angenommen habt, so lebt auch in ihm und seid in ihm verwurzelt und gegründet und fest im Glauben, wie ihr gelehrt worden seid, und seid reichlich dankbar. Seht zu, dass euch niemand einfange durch Philosophie und leeren Trug, gegründet auf die Lehre von Menschen und auf die Mächte der Welt und nicht auf Christus. Denn in ihm wohnt die ganze Fülle der Gottheit leibhaftig und an dieser Fülle habt ihr teil in ihm,

Fragen zur Erarbeitung:
1) Was verstehst du unter »Leben in Fülle«?
2) Kennst du heute Weltanschauungen, die Menschen gefangen nehmen?
3) Was meint Paulus mit dem letzten Satz über Jesus (»... in ihm wohnt die ganze Fülle der Gottheit ...«) und inwiefern habt ihr daran Anteil?

M2

1) Was macht dein Leben reich?
2) Was/Wer gibt dir Vertrauen und Halt?
3) Woran kannst du/möchtest du glauben?

Schreibe deine Antworten auf eines der farbigen Sonnenblumenkern-blätter.

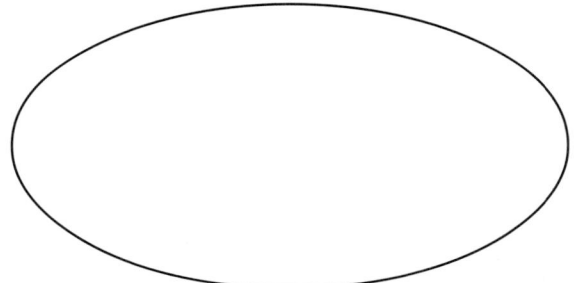

(Muster, vergrößert auf braunes und ockerfarbenes Papier in ausreichender Zahl kopieren.)

M3

1) Inwiefern kann die Fülle unserer Lebensgüter auch problematisch werden? Lies dazu den folgenden Text:

»Man kann nicht mehr leben von Eisschränken, von Politik, von Bilanzen und Kreuzworträtseln. Man kann es nicht mehr. Man kann nicht mehr leben ohne Poesie, ohne Farbe, ohne Liebe.«

Antoine de Saint-Exupéry in einem Brief an General Chambe

2) Versuche, mit den gefundenen Motiven, Bildern und Ideen einen Gesamtentwurf für unser Wandbild in einer Skizze zu entwerfen.

Liturgische Bausteine

Lieder

EG 428 Komm in unsre stolze Welt
EG 268 Strahlen brechen viele
EG 262 Sonne der Gerechtigkeit
GK 81 Wenn das Brot, das wir teilen
TG 50 Nada te turbe
TG 125 The kingdom of God is justice and peace

Gebet

Gott, es gab auch in unserem Land Jahre, da gab es kaum noch etwas:
Häuser zerbombt, kein Brot, keine Arbeit, keine Freiheit;
alles vom Krieg zerstört.
Heute haben wir fast alles im Überfluss, viel mehr als wir brauchen.
Doch damit leben wir eingebunden in wirtschaftliche Verhältnisse,
die vor allem im Süden unserer Erde
Menschen abhängig, unfrei und arm machen.
Zeige uns, guter Gott, wie wir unser Leben und alle seine Güter
besser miteinander teilen können, mehr Gerechtigkeit und Frieden
bewirken auf dem Weg, den Jesus uns gezeigt hat.
»Gott allein genügt«, hat eine Heilige gesagt,
Lehre uns in diesem Vertrauen zu leben. Amen.

Predigtnotizen

Man braucht viel Zeit, um all die guten Nachrichten, die »Kern-Texte«,
der Konfirmanden zu lesen. Die große leuchtende Sonnenblume strahlt
viel aus von dem, was wir biblisch Evangelium nennen.
Auf der anderen Seite die Fülle materieller Güter, von denen wir täglich umgeben sind. »Alles« – wie ein Werbeslogan sagt – »alles, was das
Leben schön und teuer macht«; ausgeschnitten aus Illustrierten, Re-
klame- und Werbeannoncen. Eine Fülle von Gütern, für die wir dankbar
sein können. Hilfsmittel, die das Leben angenehmer und leichter
machen. Es ist nur zu fragen, ob wir denn von alledem wirklich so viel
brauchen. Brauchen wir zum Beispiel wirklich soviel Energie, dass wir

dafür das Risiko einer radioaktiven Verseuchung ganzer Kontinente in Kauf nehmen dürfen?

»Seht zu«, sagt Paulus, »dass euch niemand einfange durch Philosophie und leeren Trug, gegründet auf die Lehre von Menschen und auf die Mächte der Welt, nicht aber auf Christus. Ihr seid in ihm verwurzelt und gegründet, fest im Glauben, wie ihr gelehrt worden seid.«

In der Mitte unseres großen Bildes, ganz nah an den beiden sich kreuzenden Flüssen, fest »verwurzelt«, sehen wir Blumen; darauf je ein Foto der Konfirmanden. Jede Blume, ob sie nun besonders schön und farbig oder noch ein wenig unbeholfen und unfertig in der Landschaft steht, jede ein Zeichen des Lebens, das Gott uns schenkt.

»Die Menschen bei dir zu Hause«, sagte der kleine Prinz, »züchten fünftausend Rosen in ein und demselben Garten … und doch finden sie dort nicht, was sie suchen …« […] »Und dabei kann man das, was sie suchen, in einer einzigen Rose oder in einem bisschen Wasser finden …« […] »Aber die Augen sind blind. Man muss mit dem Herzen suchen.« (Antoine de Saint Exupéry)

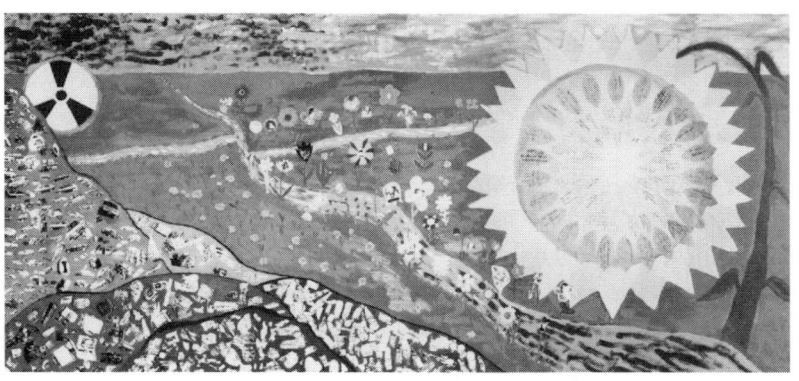

Weg, Wahrheit und Leben: Meditationsbilder
Gestaltung zweier Meditations-Wandbilder zu Johannes 14,6.

Biblisch-theologische Kontexte
Im Johannesevangelium, im ersten Abschnitt der »Abschiedsreden« Jesu, findet sich der Vers, der uns bei diesem Konfirmations-Projekt lei-

tete. Es ist kein endgültiger Abschied; Jesus geht seinen Jüngern voraus, um ihnen »eine Stätte zu bereiten« im »Hause des Vaters«. Auf die Frage des Thomas nach dem Weg dorthin verweist Jesus auf sich selbst: »Ich bin der Weg ...« Ein Motiv, das nicht nur die ersten Christen – »die Leute vom neuen Weg« (Apg 9,2) – kennzeichnete, sondern über die Jahrhunderte der Kirchengeschichte hin prägend blieb. Damit natürlich auch anknüpfend an die Exodus-Tradition Israels.

Gott ist mit Menschen, Menschen sind miteinander,
Jesus ist mit seinen Jüngern auf dem Weg, unterwegs ...
Christus sagt: ›Ich bin der Weg!‹
Der Weg! Also ein Geschehen, ein Prozess –
aber nicht: ›Ich bin der Standpunkt!‹
Nicht stehenbleiben auf einem Punkt, sondern gehen,
homo viator.

Kurt Marti

In Johannes 14,6 findet sich dieses Weg-Motiv zusammen mit zwei weiteren sehr bedeutsamen Stichworten gebunden an Gestalt und Botschaft Jesu: »Wahrheit« und »Leben«.

Beim Verhör vor Pontius Pilatus, Stellvertreter des römischen Kaisers in der Provinz Judäa, sagt Jesus: »Ich bin in die Welt gekommen, dass ich die Wahrheit bezeugen soll.« (Joh 18,37) Pilatus fragt zurück: »Und was ist Wahrheit?« – Er versteht nicht. Die Wahrheit, die Jesus bezeugt und selbst leibhaftig darstellt, bleibt Pilatus verschlossen. Für einen, der sich nur auf seinen Kopf, seinen nüchternen Menschenverstand verlässt, ist der Weg zur Wahrheit Gottes weit.

Mit »Leben« wird in Joh 14,6 eines der zentralen johanneischen Schlüsselworte aufgenommen. Um der Welt Leben zu geben, ist Jesus in die Welt gekommen (vgl. 6,33; 10,10). – Leben, das geschieht vor dem Horizont einer ewigen Zukunft (vgl. 14,14; 6,27; 12,25). Alle, die glauben und dem Weg Jesu folgen, haben schon jetzt Anteil daran und sind »vom Tod zum Leben hindurch gedrungen« (Joh 5,24).

Methodische Hinweise

Schon in den ersten Vorüberlegungen im Konfi-Team war uns bald klar, dass wir uns in der Arbeit mit den Jugendlichen auf die zwei Stichworte »Weg« und »Leben« konzentrieren wollten. Die »Wahrheit« zu gestalten erschien uns zu sehr abstrakt und wenig zugänglich. Damit war aber – zunächst ungeplant – bereits eine Vorentscheidung für den liturgischen Aufbau des Konfirmationsgottesdienstes und für die Predigt verbunden. Als »Weg«-Motiv wählten wir die bekannte Abbildung des großen Labyrinths in der Kathedrale von Chartres; mit seinen gut 12 Metern Durchmesser so groß, dass man es begehen kann. Für unsere Übertragung beschränkten wir uns auf ein Quadrat

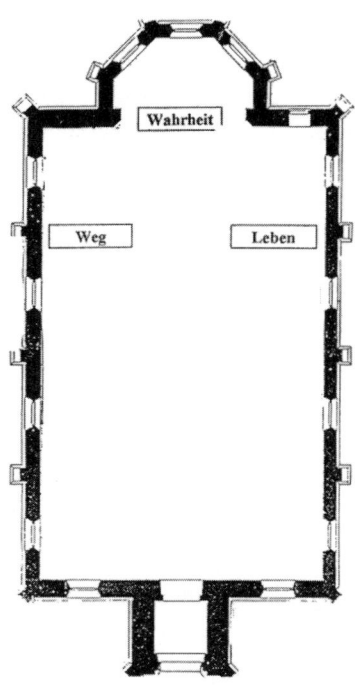

von 3 × 3 m, das sich gut zwischen zwei der hohen Fenster in unserer Kirche anbringen ließ.

Die Vielgestaltigkeit des Lebens wollten wir mit einem ebenso großen Mandala darstellen. Als Vorlage diente eine Abbildung in unserem Konfi-Arbeitsbuch (Neues Kursbuch Konfirmation, S. 130). Diese Darstellung sollte an der dem Labyrinth gegenüberliegenden Kirchenwand angebracht werden. Damit ergab sich die dazwischen liegende Apsis, in der nicht nur der Altar und der Tauftisch mit der Osterkerze stand, sondern auch die Jugendlichen im Konfirmationsgottesdienst saßen, ganz selbstverständlich als Raum für das dritte Stichwort »Wahrheit«.

Herstellung des Bildes und technische Hinweise

Zwei Wandbilder mit einer Gesamtfläche von 18 m² an einem Nachmittag zu bemalen bedeutet auch bei 24 mitwirkenden Jugendlichen eine besondere Herausforderung. Darum wurden die Konturen des Labyrinths und des großen Mandalas bereits zuhause im Gemeindesaal auf das Originalpapier übertragen. Für das Labyrinth wurden zunächst von einem Fixpunkt in der Mitte aus die Weg-Linien in gleichen – vorher ausgemessenen – Abständen als konzentrische Kreise mit einem dünnen schwarzen Filzstift aufgezeichnet. Mittels einer Pappschablone konnten danach die Kehren entsprechend der Vorlage aus Chartres eingearbeitet werden. Dazwischen ergaben sich so die freien Felder, die im unteren Teil den Eingang aufnahmen. Die Zacken im äußeren Kreis wurden ebenfalls mittels einer Pappschablone eingezeichnet.

Dasselbe Verfahren erwies sich auch für das Mandala als sinnvoll. Die zunächst mit einem weichen Bleistift angelegten konzentrischen Kreise halfen zur Anordnung der einzelnen Blätter, deren Umrisse mit Pappschablonen verschiedener Größe mit einem dünnen schwarzen Filzstift eingezeichnet wurden.

So vorbereitet war beim Konfi-Wochenende am Samstagvormittag mehr Zeit, um die biblischen Kontexte der drei johanneischen Stichworte mit den Jugendlichen zu erarbeiten und kennenzulernen. Dazu dienten drei Arbeitsblätter (M 1, M 2, M 3), die auch zur praktischen Ausgestaltung der vorgegebenen Formen hinführten.

Für den Nachmittag wurden zwei Malgruppen gebildet, die in getrennten Räumen arbeiten konnten. Erstaunlich war, mit welcher Konzentration und Sorgfalt auch sonst im Unterricht ziemlich dynamische Jugendliche die Arbeit des Ausmalens durchführten.

Für beide Bilder ist zu beachten, dass die Farben von der Mitte her eingebracht werden müssen, um nichts zu verwischen. Die Weg-Linien des Labyrinths, wie auch die Blätter des Mandalas müssen im letzten Arbeitsgang mit schwarzer Farbe hervorgehoben werden, damit sie auch von weitem sichtbar sind.

Zuhause werden die Bilder auf einen einfachen Rahmen (vgl. S. 29) aufgebracht, eventuell mit einem Lattenkreuz auf der Rückseite in der Mitte verstärkt.

Stichwort Weg – Das Labyrinth in der Kathedrale von Chartres

- Versuche, mit den Augen (oder einem Hilfsmittel) den Weg zur Mitte zu finden.
- Was hast du dabei erlebt und empfunden?
- Woher kommt dein Weg? Benenne wichtige Stationen?
- Musstest du schon einmal »umkehren«?
- Wie ist das, wenn es anscheinend nicht mehr weitergeht?
- Kannst du sagen, was in deinem Leben die »Mitte« ist?
- Wohin bist du unterwegs?
- Was bedeutet es für dich, wenn Jesus sagt: »Ich bin der Weg ...«
- Überlege dir, wie du das Labyrinth farblich oder mit anderen Mitteln gestalten möchtest.

Stichwort Wahrheit – Texte in der Bibel

2 Sam 7,28	Nun, du bist Gott, und deine Worte sind Wahrheit.
Ps 36, 6	Gott, deine Güte reicht, so weit der Himmel ist, und deine Wahrheit, so weit die Wolken gehen.
Ps 91,4	Seine Wahrheit ist Schirm und Schild
Ps 119,86	All deine Gebote sind Wahrheit.

Joh 1,17	Das Gesetz ist durch Mose gegeben; die Gnade und Wahrheit ist durch Jesus Christus geworden.
Joh 8,32	Wenn ihr bleiben werdet an meinem Wort, so seid ihr wahrhaftig meine Jünger und werdet die Wahrheit erkennen, und die Wahrheit wird euch frei machen.
Joh 14,6	Jesus sagte: Ich bin der Weg und die Wahrheit und das Leben.
Joh 18,37	Jesus sagte zu Pilatus: Ich bin dazu geboren und in die Welt gekommen, dass ich die Wahrheit bezeugen soll. Wer aus der Wahrheit ist, der hört meine Stimme. Pilatus sagt zu ihm: Was ist Wahrheit?
1 Joh 2,4	Wer sagt: Ich kenne Gott und hält seine Gebote nicht, der ist ein Lügner, und in dem ist die Wahrheit nicht.
3 Joh 1,4	Ich habe keine größere Freude als die, zu hören, dass meine Kinder in der Wahrheit leben.
3 Joh 1,8	Solche sollen wir nun aufnehmen, damit wir Gehilfen der Wahrheit werden.

Fragen zum Verständnis:

- Was wird in der Bibel »Wahrheit« genannt?
- Durch wen ist Gottes Wahrheit in die Welt gekommen?
- Was bedeutet: »... in der Wahrheit leben«?
- Was bewirkt die Wahrheit Gottes?

Stichwort Leben – Biblische Texte/Ein Mandala

Ps 27,1   Gott ist mein Licht und mein Heil; vor wem sollte ich mich fürchten? Gott ist meines Lebens Kraft; vor wem sollte mir grauen?

Ps 36,10   Denn bei dir (Gott) ist die Quelle des Lebens, und in deinem Lichte sehen wir das Licht.

Spr 21,21   Wer der Gerechtigkeit und Güte nachjagt, der findet Leben und Ehre.

Mt 7,14   Wie eng ist die Pforte und wie schmal der Weg, der zum Leben führt, und wenige sind's, die ihn finden!

Joh 6,35   Jesus sagte: Ich bin das Brot des Lebens.

Joh 10,10   Ich bin gekommen, damit sie das Leben haben und es in Fülle haben.

Joh 11,25   Jesus spricht: Ich bin die Auferstehung und das Leben. Wer an mich glaubt, der wird leben, auch wenn er stirbt.

Fragen zum Verständnis und zur Gestaltung des Mandalas:

- Was/Wer wird die »Quelle« des Lebens genannt?
- Was/Wer hilft (dir) zum Leben?
- Was ist gemeint, wenn Jesus das »Brot des Lebens« genannt wird?
- Was gehört zu deinem Leben?
  Was ist für dich zentral?
  Was gehört in dein näheres Umfeld?
  Was liegt dir fern?

- Trage deine Antworten von der Mitte aus in das Mandala ein.
- Überlege, welche Farben du den näheren und welche den ferner liegenden (Lebens-)Bereichen geben möchtest.
- Wie soll die Mitte gestaltet werden?

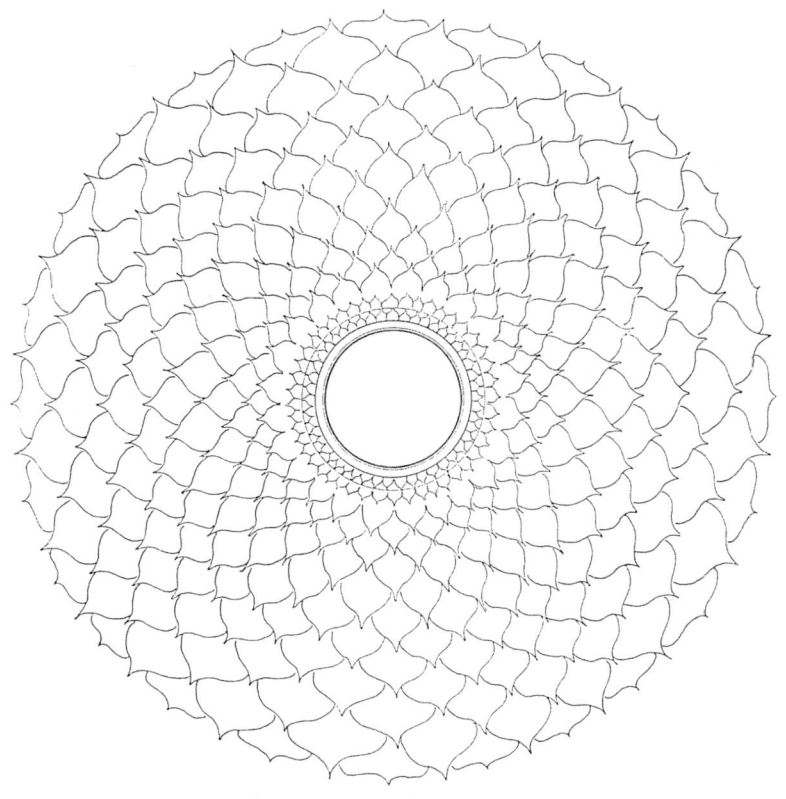

Liturgische Bausteine

Lieder

EG 155 Herr Jesu Christ, dich zu uns wend
EG 171 Bewahre uns, Gott
EG 347 Ach bleib mit deiner Gnade
GK 27   Schenk uns Weisheit, schenk uns Mut
GK 90   Lass uns den Weg der Gerechtigkeit gehn
TG 35   Bonum est confidere
TG 150 Behüte mich, Gott

Zur Eröffnung: Psalm 139

Weg: Labyrinth-Meditation
Verschlungene Wege –
ständig umkehren –
manchmal
der Mitte ganz nahe –
dann wieder
weit davon entfernt –
Labyrinth – Lebensweg ... –

Woher komme ich?
Wo stehe ich?
Wohin bin ich unterwegs?
Was ist meine »Mitte«?

Als Konfirmandinnen und Konfirmanden können wir schon wichtige Stationen unseres Lebens benennen: die Kindheit, geprägt von Eltern und Familie; dann den Kindergarten; die Grundschule und den Schulwechsel.

Wir haben auch schon erfahren, dass Wege manchmal nicht weitergehen oder sich verzweigen. Umkehren ist nicht einfach.

Das Labyrinth, das wir gemalt haben, hat keine Sackgassen! Es führt zur Mitte und soll zeigen, was Jesus sagte:»Ich bin der Weg zum Leben, ich bin mit dir unterwegs ...«

Gebet
Lied von Kurt Rommel: Lass uns in deinem Namen, Herr.
Das Lied ist in verschiedenen Regionalteilen des Evangelischen Gesangbuchs zu finden: EG 634/Ausgabe Bayern und Thüringen; EG 614/Ausgabe Hessen und Nassau sowie Kurhessen-Waldeck.

Predigtnotizen
Gottes Wahrheit: Wir haben dazu kein eigenes Bild gemalt, aber die Konfirmanden hier im Chorraum unserer Kirche sind ja umgeben von lauter Zeichen, die uns Gottes Wahrheit anschaulich machen:
- Die Taufkerzen: Sie bezeugen Gottes Wahrheit schon am Anfang des Lebens.»Du hast für Gott einen unverlierbaren Wert, egal, wie dein Leben auch verläuft. Du brauchst dich nicht zu überschätzen und nicht an dir zu verzweifeln, weil Gott zu dir steht und dich bejaht.«
- Unser Abendmahlstisch: Jesus lädt uns ein, Gottes Wahrheit miteinander zu teilen: Komm, wenn du schmecken und sehen willst, wie freundlich Gott dir begegnet. Komm, um Vergebung zu empfangen und Vergebung zu schenken, wo es nötig ist. Komm und erlebe, wie Gott Menschen miteinander verbindet zu einer Gemeinschaft wie Schwestern und Brüder. – Gottes Wahrheit mit Händen zu greifen ...
- Das große Ikonen-Kreuz aus Taizé hier in unserer Kirche: Das Dunkel des Leidens umgeben vom Licht der Liebe Gottes. Was auch immer geschieht mit dir, hier bei Jesus Christus kannst du erkennen, dass Gott keinen Menschen verlorengehen lässt. Auch die letzte dunkelste Station unseres Weges, der Tod, ist nicht das Ende, sondern Durchgang zu einem anderen Leben, das Gott schenkt. So in der Mitte angekommen, sehen wir die Zeichen der »Wahrheit Gottes« – und damit können wir leben!

Leben: Gedanken zum Mandala

Ein Mandala, vielfältig wie das Leben, das Gott schenkt. Jedes Blatt steht für einen Bereich unseres Lebens. Manches geht mir nahe, manches liegt mir fern. Aber die Mitte ist klar durch Jesus gekennzeichnet. Alles, was uns im Leben begegnet und geschieht, ist angeordnet um diese Mitte mit dem Kreuz: blau in der Farbe des Himmels!

Damit wir durch ihn leben sollen: Ein Spiegel-Bild

Ein Wandbild mit Spiegelscherben zu 1 Joh 4,9.

Biblisch-theologische Kontexte

Als biblisches Leitwort hatten wir für die Konfirmation und das Vorbereitungswochenende einen Vers aus dem 1. Johannesbrief gewählt: »Darin ist erschienen die Liebe Gottes unter uns, dass Gott seinen eingeborenen Sohn gesandt hat in die Welt, damit wir durch ihn leben sollen.« (1 Joh 4,9)

In keinem anderen Buch der Bibel wird »Gott« so eindeutig mit der Erfahrung von »Liebe« (Agape) identifiziert wie in diesem Brief. So auch in dem wenige Zeilen später folgenden Vers 16 b: »Gott ist die Liebe; und wer in der Liebe bleibt, der bleibt in Gott und Gott in ihm« – als Trautext und als Konfirmandenspruch gleichermaßen sehr beliebt.

Christinnen und Christen am Ende des 1. Jahrhunderts lasen und hörten diese Zusage allerdings im Kontrast zu den lieblosen und ihr Leben immer stärker gefährdenden gesellschaftlichen Bedingungen im römischen Reich – eine Frage, die nichts an Aktualität verloren hat. Wie passt die weltweit ungerechte Verteilung der Lebensgüter heute, die Erfahrung von Gewalt und Krieg, Krankheit und Tod zur Botschaft von der Liebe Gottes? In jeder Konfirmandengruppe meldet sich seit Jahren gut ein Drittel aller Jugendlichen aus getrennten Familien an. – Im Zusammensein mit Körperbehinderten ist die Frage nach dem »Warum« unumgänglich.

Der Hinweis aus dem 1. Johannesbrief: »… dass wir durch ihn (Christus) leben sollen« war und ist natürlich kein Rezept gegen die Lieblosigkeiten in unserem Leben, aber doch wie ein Fenster, durch das eine neue Perspektive möglich wird.

So formuliert ein Konfirmand am Ende einer Unterrichtseinheit zum Thema »Wer war und wer ist Jesus Christus?«: »Durch Jesus erscheint Gott für mich glaubhafter und wahrscheinlicher. An ihm kann man sich aufrichten; an ihn kann man sich wenden, wenn man mit niemand anderem über etwas reden will. An Jesus kann man sich immer wenden, er ist immer für mich da.«

Unter dem Motto »Seht, welch ein Mensch« wurde 1987 zum 22. Deutschen Evangelischen Kirchentag nach Frankfurt eingeladen. Das Kirchentagsplakat gab durch ein kreuzförmiges Fenster den Blick frei auf eine Collage verschiedenster Menschengesichter. Dieses Motiv haben wir aufgenommen und mit dem Vers aus dem 1. Johannesbrief verbunden. »… durch ihn leben«: Das Kreuz als Fenster zu einem sinnvollen Miteinander der Menschen. Eine ungewohnte Perspektive, die zu gestalten sich lohnt.

Herstellung des Bildes durch die Konfi-Gruppe

Für die Arbeit mit der Konfi-Gruppe übernahmen wir weitgehend den Plan für das Wochenende, wie er sich für viele Wochenenden schon bewährt hatte. (s. S. 12 f.)

Als Film am Freitagabend zeigten wir »Jesus von Montreal«, ein Klassiker unter den zahlreichen Jesus-Filmen und trotz seines Alters immer wieder zu Diskussionen anregend.

Inhaltlich erarbeiteten wir die Thematik am Samstagmorgen. Nach einer kurzen Erläuterung zum Kontext des 1. Johannesbriefes erhielten die Jugendlichen ein Arbeitsblatt (M 1) mit dem Kirchentagsplakat und verschiedenen Leitfragen. Das anschließende Auswertungsgespräch bildete die Grundlage für die ersten Skizzen (M 2) zur Gestaltung unseres Wandbildes.

In ihren Antworten zur ersten Frage des Arbeitsblattes hatten einige Jugendliche darauf hingewiesen, dass auch die Taufe und das Abendmahl zeigen, wie wir »durch Christus leben« können. So fanden sich diese Motive auf etlichen Skizzen wieder.

Ein weiterer Einfall wurde von der Freizeit-Vorbereitungsgruppe eingebracht. Ausgehend von der Frage, welche Gesichter, Menschen, Typen im Kirchentagsplakat fehlen, hatten wir die Idee entwickelt, das innere Feld des Kreuzes nicht nur mit vielen verschiedenen Fotos (aus Zeitschriften und Illustrierten, aber auch von den Konfirmanden selbst) zu gestalten, sondern bewusst in den Zwischenräumen Spiegelscherben einzukleben, die auch die Betrachter unseres Bildes überraschend einbeziehen sollten. Diese Idee wurde von den Jugendlichen begeistert aufgenommen und bei der Gestaltung sehr gut umgesetzt.

Nach der Übertragung des Grundmusters (M 2) auf das große Originalpapier (ca. 2,50 × 5,50 m) werden die am Ende des Vormittags vereinbarten Motive skizziert. Eine Erleichterung der gemeinsamen Arbeit an dem Bild besteht darin, dass die Collage-Gruppe getrennt von der Maler-Gruppe in einem eigenen Raum arbeiten kann. Dazu ist es notwendig, den Umriss des Kreuz-Fensters in der Mitte auf ein eigenes Papier zu übertragen. Nach Fertigstellung der Collage wird das Kreuz ausgeschnitten und im großen Bild aufgeklebt. Die Übergänge am Rand werden mit Farbe übermalt.

Am Nachmittag arbeiten vier Gruppen parallel:
1) Ausmalen des Grundmusters: Kreuz und Balken
2) Vorbereiten und Anfertigen der Collage für den Innenraum des Kreuzes
3) Gestalten der linken Seitenwand (Weinstock)
4) Gestalten der rechten Seitenwand (Taufe)

Besondere Materialien zur Anfertigung

Als Grundausstattung wird die Materialliste (S. 19 f./S. 28) benötigt. Darüber hinaus haben wir schon mehrere Wochen vor der Freizeit in der Vorbereitungsgruppe begonnen, Illustrierte und verschiedene Foto-Zeitschriften zu sammeln. Tageszeitungen eignen sich nur bedingt für diese Arbeit. Vor allem werden Bilder von Gesichtern in verschiedenen Größen und Situationen gebraucht.

Als besonders schöne Aktion hat sich hier wie auch bei anderen Projekten die Idee erwiesen, Fotos von den Konfirmanden in die Collage aufzunehmen. Der einfachste Weg dazu ist, alle Jugendlichen zu bitten, ein (mindestens 9 × 13 cm) großes Foto zum Wochenende mitzubringen. Es ist aber auch möglich und bringt großen Spaß, die Fotos von einer kleinen Arbeitsgruppe während des Wochenendes anfertigen zu lassen. Dazu ist allerdings ein wenig technischer Aufwand nötig: Digitalkamera, Laptop, ein einigermaßen guter Drucker und natürlich erfahrene Menschen, die diese Geräte sicher bedienen können – für viele Jugendliche allerdings kein Problem.

Die Spiegelscherben sollten möglichst dünn sein, um auf dem Papier nicht zu schwer aufzutragen. Einen alten Spiegel (ca. 60 × 40 cm) mit dem Hammer über/in einem Eimer zerschlagen, ergibt ausreichend Material. Die Scherben sollten nicht zu groß sein, damit sich das fertige Bild noch gut zusammenrollen lässt. Um Verletzungen (Glas!) zu vermeiden, sollten die Kanten bereits zu Hause mit einem Schmirgelpapier geglättet werden. Die Scherben lassen sich mit flüssigem Klebstoff auf das Papier zwischen die Fotos kleben.

1) »Durch Jesus leben« – Wie verstehst du diesen Satz?
2) Welche Beziehungen kannst du erkennen zwischen dem Vers aus dem 1. Johannesbrief und dem Kirchentagsplakat?
3) Welche Gesichter möchtest du gern in dem Fenster sehen? Welche nicht so gern? Gibt es Menschen, Typen, die deiner Meinung nach im Kirchentagsplakat fehlen?
4) Gestalte in der folgenden Skizze (M 2) passend zu unserem Thema: Wände, Boden, Fensteröffnung, Hintergrund.

Arbeitsblatt zur Anfertigung der Skizzen (Querformat)

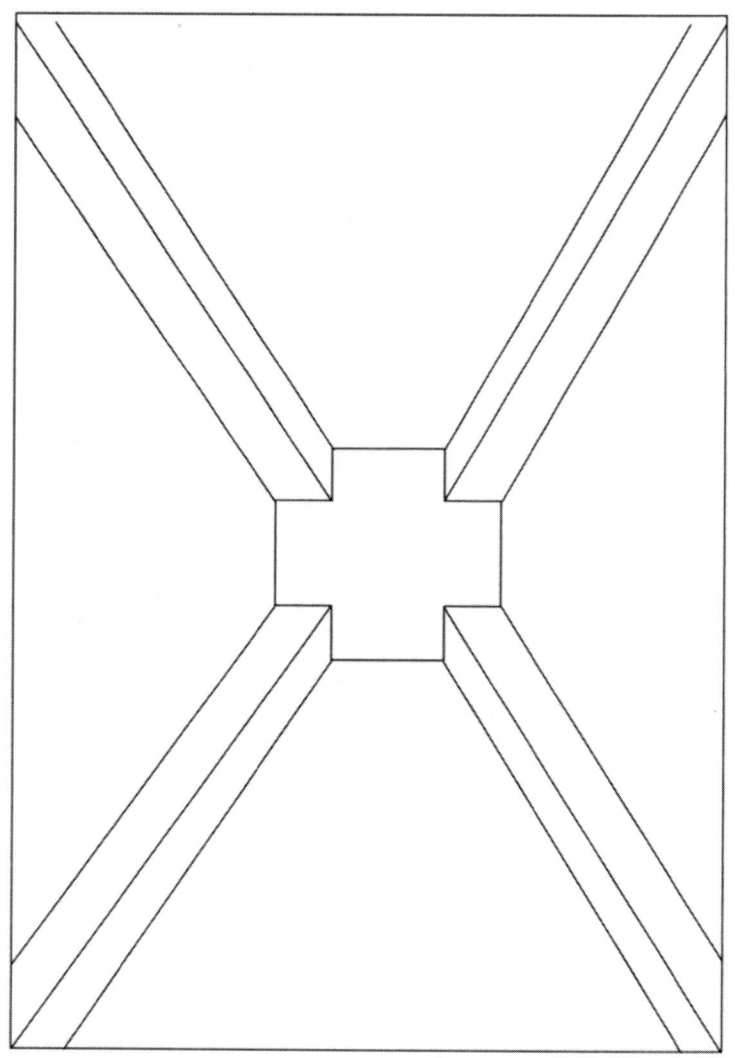

Liturgische Bausteine

Lieder

EG 262 Sonne der Gerechtigkeit
EG 346 Such, wer da will
GK 3 Dich rühmt der Morgen (Text: Jörg Zink)
GK 20 Freunde, dass der Mandelzweig
TG 58 Misericordias domini
TG 11 Oculi nostri (aus Taizé)

Zur Meditation

Vergleiche ihn ruhig mit anderen »Größen«:
Sokrates, Rosa Luxemburg, Gandhi …
Er hält das aus.
Besser allerdings,
du vergleichst ihn mit dir.

Dorothee Sölle

Bekenntnis

Viele sagen: Ich glaube an nichts.
Ich aber möchte glauben an Gott,
den Vater aller Menschen,
der Welten hervorbringt und Menschen führt.

Viele sagen: Ich glaube an nichts.
Ich aber möchte glauben an Jesus,
den Bruder aller Menschen,
dessen Liebe niemand töten,
dessen Hoffnungen niemand begraben kann.
Viele sagen: Ich glaube an nichts.
Ich aber möchte glauben an den Geist,
das Verlangen aller Menschen,
der die Menschen zusammenführen
und das Angesicht der Erde erneuern will.

Lothar Zenetti

Zum Abendmahl

Jesus Christus, uns alle hast du
eingeladen als deine Gemeinde:
Du machst uns Mut, so zu dir
zu kommen, wie wir sind. Du
kennst auch unsere Bedenken, die
wir voreinander haben. Du weißt,
dass wir uns untereinander oft so
schwer verstehen. Befreie uns dazu, einander als Schwestern und
Brüder anzunehmen.
Deine Gäste sind wir.
Du bist mitten unter uns.
Lass uns deine Güte und Freund-
lichkeit schmecken.

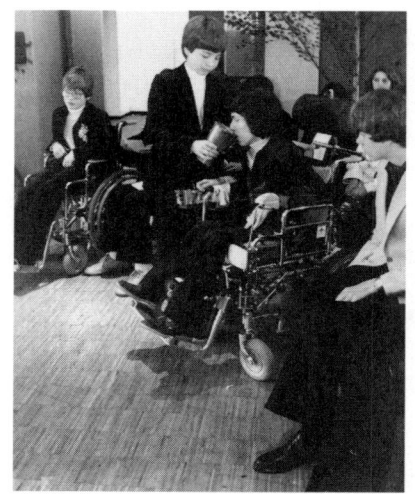

Fürbitte

Gott, du schaust auf uns,
auch wenn wir dich aus dem Blick verloren haben.
Und wo vieles aussichtslos scheint, zeigst du uns einen neuen Weg.
Öffne uns die Augen, dass wir dich wahrnehmen
in Jesus Christus, der uns den Weg zu dir gezeigt hat.
Öffne uns die Augen, dass wir dich wahrnehmen
in all den Menschengesichtern, die uns täglich begegnen.

Hilf uns, die Augen offen zu halten,
wo Menschen deine Liebe mit Füßen treten und nur auf Gewalt setzen.
Hilf uns, hinzusehen, wo deine Gemeinde aufgerufen ist,
zu helfen und zu arbeiten, damit Frieden und Gerechtigkeit
nicht verloren gehen und deine gute Schöpfung bewahrt bleibt.

Gib uns einen offenen, wachen Blick,
wo deine Kirche müde und verschlafen wirkt.
Zeige uns unseren Weg, damit wir leben können, durch Jesus Christus.
Amen.

Predigtnotizen

Gedanken von Konfirmanden bei der Vorarbeit zu unserem Bild: »Ich glaube«, schreibt einer, »dass Jesus uns irgendwie eine Hoffnung gibt zu leben; und ohne Hoffnung ist das Leben traurig. Durch seine Erfahrungen und Erlebnisse können wir lernen, mit uns selbst und der Umwelt zu leben und sie zu verstehen.«

Und auf einem anderen Blatt stand: »Jesus durchbricht die Mauern aus Angst und Zweifeln. Er ist wie ein Fenster Gottes zu den Menschen.«

• »Durch Jesus leben ...«, das heißt, die Fehler meiner Vergangenheit, die Pleiten meines Lebens, die Erfahrung von Scheitern und Versagen nicht in alle Ewigkeit mit mir herumschleppen zu müssen.

• »Durch Jesus leben ...«, das heißt auch in der Dunkelheit des Lebens, in den Kreuzerfahrungen, nicht zu verzweifeln.

• »Durch Jesus leben ...«, das heißt auch – wie er – »gesandt« zu sein in die Welt: In Gottes Welt, wunderschön und kostbar, aber auch noch nie so bedroht und verletzt wie in unserer Zeit.

In der Mitte des Bildes öffnet sich der kreuzförmige Raum zu einem großen Fenster, durch das viele Gesichter hereinschauen. So schauen wir auf das Kreuz Christi, schauen hinein in den Raum der Kirche, wo Taufe und Abendmahl und die Verkündigung von Gottes Liebe ihren Ort haben: »damit wir durch ihn leben ...«

Jesus Christus – Leben der Welt: Ein Triptychon

Gestaltung eines dreiteiligen Altarwandbildes zu Jesus-Worten aus dem Johannesevangelium.

Biblisch-theologische Kontexte

»Ich finde es schwierig, …
- dass Jesus vom Heiligen Geist abstammen soll.
- dass er als vollkommener Mensch beschrieben wurde. Das finde ich nicht richtig; denn er hätte auch Fehler machen müssen, woraus andere Menschen hätten lernen können. Dann finde ich auch schlecht, dass er die Menschen mit Wundern überzeugen wollte. Bei Johannes dem Täufer fand ich das besser.
- dass Jesus oft so undeutliche Texte predigte und das, was er sagte, oft so schwer zu verstehen ist. Das, was er sagt, könnte er auch besser erklären.
- dass Jesus sich nicht gewehrt hat, als er gefangen wurde, und dass er den Priestern nicht bewiesen hat, dass er Gottes Sohn ist.
- dass er »auferstanden« ist.
- dass er über das Wasser gehen und Blinde heilen konnte usw.
- dass er die Marktstände im Tempel zerschlagen hat und das Geld zu Boden schmiss. Das ist für Jesus etwas Ungewöhnliches, da ich Jesus nur ruhig kenne.

Ich finde gut, dass Jesus …
- den Menschen nicht mit Waffen, sondern mit Worten begegnet.
- dass er sich mit armen Leuten befasst und gegen die Meinung der Pharisäer und reichen Leute seine Meinung vertritt, ohne sich einschüchtern zu lassen.
- dass er in Gleichnissen redet, denn dann kann jeder es verstehen.
- dass er versucht hat, mit den Menschen Frieden zu halten.
- dass er den Mut hatte zu sagen, was er denkt, obwohl ihn deshalb viele Menschen für verrückt erklärten oder manche ihn auch hassten oder Angst vor ihm hatten.
- dass er nicht gleich jeden verurteilt, sondern ihnen die Sünden vergibt, egal wie stark sie sind, wenn man ihm Vertrauen und Glauben entgegenbringt.«

Erstaunliche, theologisch relevante Anfragen und Anmerkungen zur Christologie – von 13-Jährigen! Mit jeder neuen Konfi-Gruppe habe ich die Spuren Jesu beim gemeinsamen Lesen und Besprechen ausgewählter Texte des Neuen Testaments nachgezeichnet. Das Interesse der Jugendlichen war dabei wesentlich größer als zum Beispiel bei der Besprechung von Strukturfragen der Kirche und ihrer Organisation heute.

Unser erstes historisches Nachfragen – »Hat er wirklich gelebt?« – verband ich mit einer kurzen Einführung in die uns überlieferten Quellen. Darüber hinaus war aber deutlich der Wunsch der Jugendlichen spürbar, zu verstehen, was diesen Menschen so bedeutsam und glaubwürdig gemacht hat, warum er »Gottes Sohn« genannt wurde und bis heute für viele Menschen »die Tür« (Joh 10,9) zu einem Leben im Vertrauen auf Gott bedeutet.

Ein auch den biblischen Texten ursprünglich zugrunde liegendes Interesse: »Für wen halten die Leute den Menschensohn?« (Mt 16,13; Einheitsübersetzung) – Doch der Weg unserer Konfirmanden führte eher über die erzählten Geschichten, Gleichnisse und Bilder zu Jesus als über großartige Bekenntnisse.

In seiner Lebensbeschreibung »Sieh nach den Sternen, gib acht auf die Gassen« (Kreuz Verlag 1992, 4. Aufl., S. 161) erzählt Jörg Zink von einem seiner Lehrer, Romano Guardini, der ihm den Rat gab: »Gebrauchen Sie nie ein Wort, das Sie nicht verstanden haben, machen Sie es auf (...) und schauen Sie, was darin ist.«

In diesem Sinne haben wir, angeleitet von unserem »Kursbuch Konfirmation« (S. 35), im Neuen Testament »Schlüsselworte« gesucht und aufgeschrieben, die uns wichtig waren, um Wirken und Botschaft Jesu zu erfassen.

Damit hatten wir für unser Vorbereitungswochenende zur Konfirmation bereits eine Sammlung erstellt, aus der wir dann die Jesus-Worte auswählten, die sich gut in einem Bild darstellen ließen.

Herstellung des Bildes durch die Konfi-Gruppe

Unter den Mitarbeitern in unserem Konfi-Team wurde schon bei den ersten Überlegungen zur Gestaltung unseres Altarbildes darauf hingewiesen, dass zum Thema: »Jesus Christus – Leben der Welt« natürlich auch die dunklen (Kreuz-)Erfahrungen gehören, die das Leben von Jugendlichen schon oft genug überschatten.

So entstand die Idee, ein Kreuz und darunter die Hoffnung, wie sie viele Jesusworte prägt, in Form eines aufklappbaren Flügelaltarbildes zu gestalten.

Ein hilfreiches Motiv war das Graskreuz-Plakat, mit dem das Missionswerk der EKD zur Weltkirchenkonferenz des ÖRK 1983 eingeladen hatte.

Ein Fotograf hatte vier Bodenplatten, zwischen denen Gras wuchs, so von oben fotografiert, dass zwischen den grauen Steinplatten ein grünes Kreuz sichtbar wurde.

Eine Meditation dieses Bildes (M 1) eröffnete am Samstag die Vorarbeiten zu unserem Altarbild.

Danach wählte jeder Jugendliche (s)ein Jesus-Wort aus (M 2) und zeichnete dazu eine erste Ideen-Skizze, dann einen farbigen Entwurf.

Bei der Präsentation zeigte sich rasch, dass bestimmte Motive mehrfach dargestellt wurden. So war es nicht schwer, eine Auswahl für die vier Teile des Flügelaltars zu bestimmen:

a) Bei den zwei aufklappbaren Außenflächen sollte auf einer grauen Grundierung im Stil von Graffiti alles aufgeschrieben werden, was unser Leben kalt, hart und dunkel macht. Dazwischen sollten aber als Zeichen der Hoffnung die Halme des Graskreuzes (vgl. M 1) aus grünem Papier aufgeklebt werden.

b) Auf der linken Innenseite wurde das Jesus-Wort: »Ich bin der Weg ...« dargestellt.

c) Der herrliche kräftige Weinstock auf der rechten Innenseite machte den Künstlern, die ihn gestalteten, sichtlich Freude.

d) Auf der mittleren – doppelt so großen – Fläche wurde ein mit zahlreichen kleinen und größeren Blumen geschmücktes Auferstehungskreuz gemalt. Darunter Brot und Kelch auf der linken Seite und gegenüber eine kräftige Quelle, die aus dem Kreuz hervorsprudelt: Wasser der Taufe.

Besondere Materialien zur Anfertigung und technische Hinweise

Für die Herstellung des Bildes braucht man außer den in der Grundausstattung aufgeführten (S. 19 f. und 28 f.) keine weiteren Materialien. Da insgesamt vier Flächen zu bemalen sind, kann sehr gut in verschiedenen Räumen gearbeitet werden. Dabei ist es natürlich vorteilhaft, wenn die Wege zum Tisch mit den Farben nicht zu weit sind.

Der Rahmen des Bildes wird aus dem Mittelteil (2 × 2 Meter) und den zwei Flügeln (je 1 × 2 Meter) gebaut. Auf dem Mittelteil wird das Bild an der Rückseite des Rahmens festgetackert, an den zwei darauf liegenden äußeren Rahmen werden vorn die grauen Graskreuzflächen befestigt, auf der Rückseite (innen) das Weg-Bild und der Weinstock.

Die ›Flügel‹ werden dann mit dem Graskreuz sichtbar auf den mittleren Rahmen gelegt und seitlich mit je zwei Scharnieren am unteren Rahmen angeschraubt, sodass sie sich nun leicht über dem Mittelteil öffnen und schließen lassen.

So kann dieses Triptychon gut an einer freien Wand aufgehängt werden oder auch mit einer entsprechenden Rahmenkonstruktion (s. S. 30) auf einem größeren stabilen Tisch aufgestellt werden.

Rahmenkonstruktion

M1 ────────────────────────────

Fragen zur Bearbeitung:
1) Wie deutest du dieses Bild?
2) Schreib auf, was das Leben grau, hart und kalt machen kann.
3) Was gibt dir Hoffnung?

M2 ────────────────────────────

Jesus-Worte
- Ich bin das Brot des Lebens. (Joh 6,35)
- Ich bin das Licht der Welt. (Joh 8,12)
- Ich bin die Auferstehung und das Leben. (Joh 11,25)
- Ich bin der Weg. (Joh 14,6)
- Ich bin der Weinstock. (Joh 15,5)

Welches Wort möchtest du gern gestalten? Entwirf dazu eine Skizze.

Liturgische Bausteine

Lieder
EG 225 Komm, sag es allen weiter
EG 346 Such wer da will
GK 64 Ich lobe meinen Gott, der aus der Tiefe mich holt
GK 87 Unser Leben sei ein Fest
TG 17 Meine Hoffnung und meine Freude
TG 36 Spiritus Jesu Christi

Meditationstext zum Graskreuz
Hoffnung – Hoffnung wächst – unscheinbar,
unvermutet an unerwartetem Ort.
Hoffnung wächst inmitten der gepanzerten Welt,
zart, verletzlich und doch unaufhaltsam bricht sie hervor.
Sie bricht auf in verhärteten Herzen, verändert das Denken.
Hoffnung wächst wie das Gras, unscheinbar, oftmals zertreten,
doch nicht auszurotten.
Hoffnung bricht auf durch das Kreuz,
das Kreuz Christi: die Quelle des Lebens.
Hoffnung wächst – wie Gras, unscheinbar zunächst,
doch Wegweiser auf Jesus Christus, das Leben der Welt.

Verfasser unbekannt

Gebet zur Segnung
Immer wieder kommt Neues auf uns zu: Schönes und Interessantes, Verlockendes und Gefährliches, Dunkelheit und Licht; und vieles verstehen wir nicht. Wir machen uns schöne Hoffnungen, aber manchmal graut uns auch vor dem, was kommt. Dann ist es gut, wenn einer zu uns sagt: Sei getrost und fürchte dich nicht, geh deinen Weg mit Gott.
Wir können froh sein, wenn wir Menschen haben, die uns trösten und Mut machen können. Es kommen aber Stunden, da stehen wir ganz allein da mit einer Aufgabe, die uns zu schwer ist, mit einer Schuld, die uns drückt. Dann ist es gut, wenn einer zu uns sagt: Sei getrost und fürchte dich nicht, geh deinen Weg mit Gott.

An diesem Tag feiern wir mit unseren Konfirmanden ihr Fest. Viele Menschen aber haben schon längst keine Beziehung mehr zu ihrer Gemeinde, ihrer Kirche, zum Glauben. Wir wünschen unseren Konfirmanden, dass ihnen immer wieder jemand begegnet, der sie ermutigt und sagt: Sei getrost und fürchte dich nicht, geh deinen Weg mit Gott.

Predigtnotizen zu Joh 3,16

Bei unserem Konfirmandenwochenende hatten die Jugendlichen überhaupt keine Schwierigkeiten, aufzuschreiben, »was unser Leben hart, kalt und grau macht«: Krankheiten, Streit in der Familie, Mobbing in der Schule, Arbeitslosigkeit, Hunger, Umweltzerstörung, Armut, Krieg, Flüchtlingselend, Rassismus, Gewalt ... – Es ist für mich immer wieder beeindruckend zu spüren, wie viel »verlorenes Leben«, Dunkelheit und Kälte schon von Jugendlichen benannt werden kann. – Was macht das mit uns Menschen? Was macht das mit den Jugendlichen?

Ich denke, gerade angesichts solch dunkler Erfahrungen wird es immer wichtiger, zu hören und glauben zu lernen, was uns »nicht verlorengehen« lässt. Der irische Dichter George Bernard Shaw schrieb einmal: »Ich bekenne, dass ich, nachdem ich 60 Jahre Erde und Menschen studiert habe, keinen anderen Ausweg aus dem Elend der Welt sehe, als den von Christus gewiesenen Weg. Es ist unmöglich, dass die Erde ohne Gott auskommt.« – Diesen Glauben, der zuversichtlich bleibt inmitten aller Gefahren und hoffnungsvoll sogar über den Tod hinaus, weil Gottes Liebe bleibt, diesen Glauben haben wir in der Konfi-Zeit kennengelernt und es gibt so viele sinnvolle Aufgaben und Wege, um für uns und andere Menschen den Glauben zu entfalten und anschaulich zu machen, wie auf unserem Bild.

| Fensterbilder

Kirchenfenster bemalen

1868 wurde die Dorfkirche in Wilhelmsfeld bei Heidelberg eingeweiht und bis heute mehrfach innen und außen renoviert.
Der Innenraum bekommt sein Licht durch dreizehn hoch aufragende Fenster. Diese sind mit rautenförmig geschnittenen Bleiglassegmenten in mehrere (2 × 5) Fächer aufgeteilt. Die Gläser sind klar und durchsichtig, ohne jede künstlerische Gestaltung. Nur in den Bögen im obersten Feld finden sich ein paar kleinere »Farbtupfer«.
Nachdem wir in den vorangegangenen Jahrgängen bereits zwei großformatige Meditationsbilder und einen Flügelaltar angefertigt hatten, haben wir erstmals zur Konfirmation 1992 eines der Kirchenfenster farbig gestaltet. Ein Experiment, natürlich mit der Frage verbunden, ob und wie weit dieses Kunstwerk wohl in der Gemeinde Akzeptanz oder Ablehnung erfahren würde. Für die Arbeit an den Fenstern war von Anfang an klar, dass wir natürlich nicht die alten Rauten-Gläser bemalen konnten, vor allem, um – falls es gewünscht würde – den ursprünglichen Zustand leicht wieder herstellen zu können.
In der Apsis der Kirche wählten wir das mittlere von dreien, um dort Bilder zum 23. Psalm darzustellen. Zu den wunderschönen Motiven des alten Textes wurden allerdings auch Kontrastbilder entwickelt. Die Gegenüberstellung vom »Vertrauen auf den guten Hirten« und »unseren Sicherheiten« (Waffen/Raketen/Panzer) oder vom Kirchturm und dem Kühlturm eines Atomkraftwerkes war gewagt. Aber das erstaunlich positive Echo der Gemeinde ermutigte uns, diese Arbeit auch mit den folgenden Konfi-Jahrgängen fortzusetzen.
So entstanden zunächst drei »Fenster zum Glauben«. Zum 23. Psalm kam als nächstes ein Schöpfungsfenster – ausgehend von Gen 1 – hinzu,

danach gegenüberliegend ein Heilig-Geist-Fenster. Mit der auf den 23. Psalm bezogenen Deutung Jesu (»Ich bin der gute Hirte«, Joh 10) war so – eigentlich ungeplant – eine Darstellung zu den drei Artikeln des apostolischen Glaubensbekenntnisses entstanden. Nach der Konfirmation 1995 waren die drei »Fenster zum Glauben« fertig und konnten zum Trinitatissonntag zusammen vorgestellt werden

Später entwickelten wir einen Bilderzyklus zum Vaterunser: »Das Gebet, das die Welt umspannt«. Jeweils im obersten Fach der zehn noch nicht bemalten Kirchenfenster, die wie ein Fries den gesamten Innenraum umgeben, wurde ein Motiv zu den einzelnen Teilen des Vaterunsers gestaltet.

In einem folgenden Jahrgang mit einer zahlenmäßig sehr großen Konfi-Gruppe entschlossen wir uns, zu den beiden mittleren Fenstern des Vaterunser-Frieses (»Namenfenster«: »Geheiligt werde dein Name« und »Hoffnungsfenster«: »Dein ist das Reich und die Kraft...«) zwei Darstellungen anzufertigen. Dabei wurde auch zum ersten Mal eine besondere Form der Collagetechnik verwendet. Einzelne Motive – zum Beispiel Klingelschilder mit Namen – wurden als Folien angefertigt und in die Bilder eingearbeitet. Den Abschluss dieser Arbeit an unseren Kirchenfenstern bildeten acht Fensterteile zu den Seligpreisungen. Die Texte wurden mit großformatigen Porträtbildern verbunden, Bildern von Menschen, die mit ihrem Leben etwas zeigen können von der Bedeutung der programmatischen Sätze Jesu vom Anfang der Bergpredigt.

So war schließlich auf den gesamten Kirchenraum verteilt eine anschauliche Darstellung wichtiger Texte und Themen entstanden, die uns während der Konfi-Zeit beschäftigten. Keine Kunstwerke für die Ewigkeit, aber für eine gewisse Zeit doch anschauliche Spuren der verschiedenen Konfi-Gruppen in unserer Gemeinde; ein wenig auch erinnernd an die mittelalterliche Tradition der bilderreichen »Biblia pauperum«.

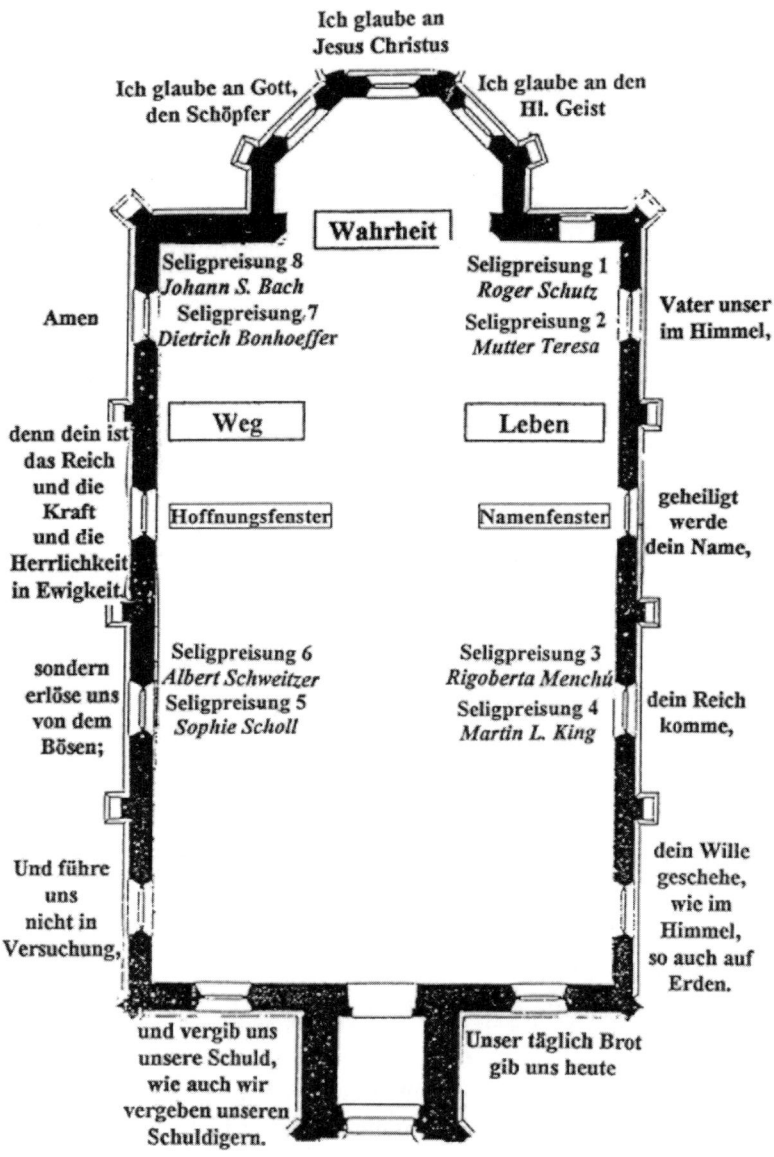

Ich glaube an
Jesus Christus

Ich glaube an Gott,
den Schöpfer

Ich glaube an den
Hl. Geist

Wahrheit

Seligpreisung 8
Johann S. Bach
Seligpreisung 7
Dietrich Bonhoeffer

Seligpreisung 1
Roger Schutz
Seligpreisung 2
Mutter Teresa

Amen

Vater unser
im Himmel,

Weg

Leben

denn dein ist
das Reich
und die
Kraft
und die
Herrlichkeit
in Ewigkeit.

Hoffnungsfenster

Namenfenster

geheiligt
werde
dein Name,

sondern
erlöse uns
von dem
Bösen;

Seligpreisung 6
Albert Schweitzer
Seligpreisung 5
Sophie Scholl

Seligpreisung 3
Rigoberta Menchú
Seligpreisung 4
Martin L. King

dein Reich
komme,

Und führe
uns
nicht in
Versuchung,

dein Wille
geschehe,
wie im
Himmel,
so auch auf
Erden.

und vergib uns
unsere Schuld,
wie auch wir
vergeben unseren
Schuldigern.

Unser täglich Brot
gib uns heute

Technisch-organisatorische Hinweise

Das Bemalen von Glasfenstern hat jahrhundertelang bis in die Gegenwart hinein viele große Künstler fasziniert. Mit transparenten Farben zu spielen und dem sich darin brechenden Licht hat aber auch für Jugendliche einen ganz besonderen Reiz. Natürlich muss im Rahmen eines Konfi-Projekts sehr viel bescheidener hinsichtlich des Materials und der künstlerischen Gestaltung gearbeitet werden. Aber die Spannung und Freude, wenn das fertige Bild zum ersten Mal in die Sonne gehalten wird, ist sicher nur unwesentlich geringer als bei der ersten Präsentation eines echten Kirchenfensters durch einen renommierten Künstler.

Planung

Nicht anders als bei den Wandbildern (vgl. die dort beschriebenen Schritte, S. 10 f.) ist auch bei diesem Projekt eine gute, rechtzeitig beginnende Planung der Arbeit unabdingbar. Welche Fenster im Kirchenraum eignen sich überhaupt für solch ein Projekt oder – wenn ohnehin schon farbig verglaste Fenster vorhanden sind – gibt es eventuell in einem Gemeindehaus ein Fenster, das sich zur Gestaltung anbietet? In jedem Fall sollte es ein Fenster sein, das von außen genügend Licht bekommt. Ein vielleicht vorhandenes Fensterraster (Sprossen u. ä.) kann zur Aufteilung der thematischen Darstellung wichtig sein und sollte bei der Planung unbedingt berücksichtigt werden. Es ist aber genauso möglich, über eine vorhandene Fenstereinteilung hinweg ein großes Gesamtbild zu planen. Die oft in den Originalfenstern vorhandenen rautenförmigen Bleiverbindungen wirken übrigens kaum störend. Im Gegenteil erwecken sie den Anschein, als seien die Konfirmandenfenster auf das Originalglas gemalt.

Wenn keine Möglichkeit besteht, ein vorhandenes Fenster zu gestalten, kann ein Glasfenster auch in einem passend angefertigten Holzrahmen frei im Raum aufgestellt und von der Rückseite her beleuchtet werden. Auch im Kirchenraum vorhandene offene Bögen oder Türen eignen sich unter Umständen als Rahmen.

Zur Vorbereitung der Arbeit gehört ein exaktes Ausmessen der Flächen, wobei über die zu bemalende Glasfläche hinaus immer ein umlaufender Rand von ca. 1 cm hinzugerechnet werden muss. Für die Aufhängung vor einem vorhandenen Fenster ist diese Randzugabe genauso wichtig wie bei der Befestigung in einem aufstellbaren Holzrahmen.

Das Material

Das Arbeiten mit Plexiglasscheiben hat sich für die Anfertigung der Fensterbilder sehr bewährt. Das Material hat kein großes Gewicht, es ist leicht zu schneiden und – für die Aufhängung – leicht zu durchbohren. In der Regel haben wir mit 2 bis 3 mm starken Plexiglasscheiben gearbeitet. Sie sind in jedem Baumarkt (aber auch mit einem vielfältigen Angebot im Internet) zu erhalten und werden in den gewünschten Maßen zugeschnitten. Besondere Formen, Rundungen, Bögen u. a. kann man leicht mit einem Filzstift aufzeichnen und mit einer Stichsäge ausschneiden. Verletzungen wie bei echten Glasscheiben sind zwar kaum möglich, aber es ist vorteilhaft, die Sägeränder mit einem feinen Schmirgelpapier abzuschleifen.

Als Grundausstattung für das Konfi-Wochenende ist die auf S. 19 f. beschriebene Liste ausreichend. Darüber hinaus sind nur die speziellen Glasmalfarben zu beschaffen. In jedem gut sortierten Bastelgeschäft gibt es dazu eine bunte Auswahl. Wasserlösliche Farben sind unbedingt empfehlenswert, vor allem auch, weil die Pinsel einfach mit Wasser ausgewaschen werden können. Da die Farbgläschen nicht so groß sind – die Farben aber sehr ergiebig in der Verarbeitung –, sollte man auch mehrere fertig gemischte Farben für die Freizeit mitnehmen, um nicht selbst zu viel mischen zu müssen. Das Mischen dieser Farben ist ohnehin nicht so einfach, weil der jeweilige Farbton erst beim Auftragen auf der Glasscheibe sichtbar wird. Ein Übermalen der Farben ist erst möglich, wenn die Farben gut getrocknet sind. Sehr vorteilhaft und schon ein wenig Vorfreude vermittelnd ist es, rechtzeitig vor dem Wochenende im Freizeit-Team probehalber eine Glasscheibe zu bemalen, um mit der Verwendung der Farben vertraut zu werden.

Für eine Fläche von ca. 5 bis 6 m^2 ist (bei 50 ml-Gläsern) folgendes Sortiment ausreichend, je nach Thema und Malfläche aber anzupassen:

6 × gelb, 6 × rot, 6 × dunkelblau, 6 × schwarz, 6 × weiß, 3 × orange, 3 × ultramarin, 3 × hellbraun, 3 × dunkelbraun, 3 × hellgrün, 3 × dunkelgrün, 3 × violett

Für eine Erstausstattung sollte die Anzahl nicht zu gering sein. Die Gläser lassen sich gut verschließen und so auch später wieder verwenden. Bei einem späteren Projekt müssen dann nur die fehlenden Farben ergänzt werden. Auf jeden Fall sollte für alle Konfirmanden genügend Material vorhanden sein.

Zum Auftragen der Farben – direkt aus dem Gläschen – werden vor allem weiche Haarpinsel (rund und flach) in verschiedenen Stärken und Breiten gebraucht. Borstenpinsel kann man nur eingeschränkt – oder für besondere Effekte – einsetzen.

Anfertigung der Bilder

Nach rechtzeitig begonnenen Vorbereitungsgesprächen im Freizeit-Team war es für uns jedes Mal ohne größere Schwierigkeiten möglich, mit den Jugendlichen zusammen an einem Wochenende das jeweilige Projekt durchzuführen und fertig zu stellen. Der Ablauf orientierte sich weitgehend an dem schon erprobten Plan (s. S. 13 f.).

Nach einer ersten Einführung in das Thema am Freitagabend werden am Samstagmorgen die grundlegenden Texte erarbeitet und Motive zur Gestaltung entwickelt. Die ersten Skizzen werden besprochen und dann mit den Anregungen und Veränderungsvorschlägen der Gesamtgruppe von je zwei bis drei Jugendlichen auf ein Papier in Originalgröße der später zu bemalenden Glasscheiben übertragen. Die Papierbilder sind noch leicht zu korrigieren hinsichtlich der gewählten Formen. Bei der Arbeit mit Wachsmalstiften kann in dieser Phase auch die Farbgebung getestet und eventuell verändert werden.

Nach dem Einrichten der Malwerkstatt werden die fertigen Papierbilder am Nachmittag unter die Plexiglasscheiben gelegt und die Glasmalfarben oben aufgetragen. Es hat sich bewährt, wenn jedes Konfi-Malteam an je einem Tisch für sich arbeiten kann. Sehr helle durchscheinende Farbflächen brauchen einen dunklen Rand, der die gewünschte Form hervorhebt. Während der Arbeit mit den Glasmalfarben dürfen die Scheiben auf keinen Fall hochgehoben werden, weil die Farben sonst ineinanderfließen. Erst nach dem Trocknen (ca. 1 bis 2 Std.) kann man die fertige Arbeit im Gegenlicht anschauen. Dann sind auch Korrekturen, Übermalungen usw. möglich. Am Ende des Nachmittags werden die fertigen Scheiben in einen Raum zum Trocknen gelegt. So können sie am Sonntagmorgen in einer »gottesdienstlichen Vernissage« von den Künstlern vorgestellt und von allen betrachtet werden.

Aufhängung/Rahmen/Beleuchtung

Die Höhe der Fenster in unserer Kirche betrug ca. 10 Meter! Entsprechend spannend war die Anbringung der Bilder mittels einer langen Ausziehleiter. In jede Plexiglasscheibe haben wir am oberen Rand zwei kleine Löcher gebohrt, um dort einen etwas stärkeren Blumendraht als Bügel und Aufhängung zu befestigen. In den Eisenbändern der alten Kirchenfenster (von 1862!) konnten wir die Befestigungsmuttern etwas lösen, um den Drahtbügel darüber zu hängen und so zu sichern. Dieses Verfahren ermöglichte es uns auch, unsere Kunstwerke jederzeit wieder abzuhängen, ohne dass an den Fenstern selbst eine Veränderung vorgenommen werden musste. Eine ebenfalls sehr einfach zu handhabende Aufhängung ist mit einem Streifen Klettband am oberen Rand der Plexiglasscheibe und dem Rahmen des vorhandenen Fensters möglich.

Etwas aufwendiger ist die Anfertigung eines besonderen Holzrahmens, um die Bilder frei im Raum vorzustellen. Dabei ist eine stabile Vierkantleiste (ca. 3 × 3 cm) zu verwenden. Entsprechend der Größe der Plexiglasscheiben ist das Rastermaß zu wählen. Die Scheiben werden mit einem Klettband oder Schrauben auf der Rückseite des Rahmens befestigt. Sollen mehrere Scheiben nebeneinander angeordnet werden, ist es optisch und für die Aufhängung empfehlenswert, die vertikalen Leisten mit den horizontal laufenden zu verschränken (s. Skizze).
Das Aufstellen des Rahmens geschieht mit zusätzlichen Latten, die im Winkel nach hinten laufend – mit Steinen beschwert – den nötigen Halt geben (s. S. 30). Für die Ausleuchtung der Fenster ist am Boden eine gute Lichtquelle (eventuell mit Dimmer) aufzustellen, die allerdings nicht zu sehr über und neben dem Rahmen hinaus scheinen sollte. Damit das Licht gleichmäßig auf die Bilder verteilt wird, muss man auf die Rück-

seite der Plexiglasscheiben Pergamentpapier auflegen, das es in jedem Bastelgeschäft in Rollen zu kaufen gibt.

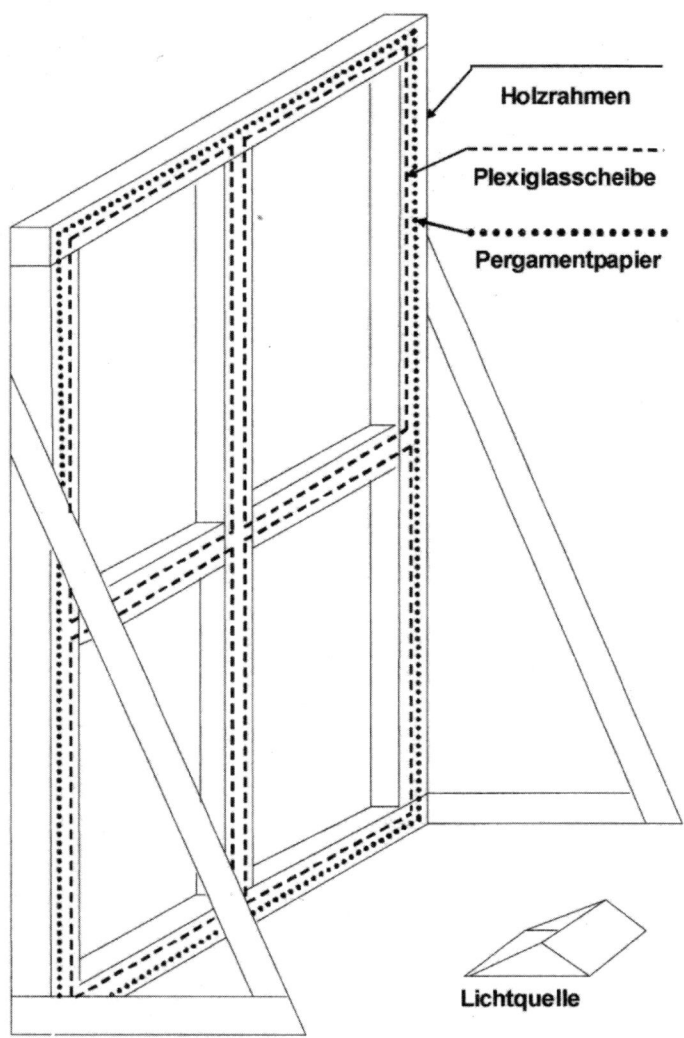

Holzrahmen

Plexiglasscheibe

Pergamentpapier

Lichtquelle

Praxisbeispiele u. a. zu den Themen: Schöpfergott, Jesus Christus, Heiliger Geist, Vaterunser, Seligpreisungen

Bekenntnis im Gegenlicht: Drei Fenster zum Credo

A) Am Anfang schuf Gott den Himmel und die Erde ...
Ein Schöpfungsfenster ausgehend von Genesis 1.

Biblisch-theologischer Kontext
Zu den reizvollsten Aufgaben im kirchlich-pädagogischen Kontext gehört die Beschäftigung mit den zwei Schöpfungsgeschichten der Genesis. Im Religionsunterricht in der Grundschule ebenso wie im Konfirmandenunterricht habe ich erlebt, wie sich Kinder und Jugendliche ansprechen lassen von den alten Texten. Natürlich spielt bei Jugendlichen bereits die Frage nach dem Verhältnis zwischen Evolutionstheorie und dem biblischen Text mit, damit verbunden aber auch die eigentlich zugrunde liegende Frage nach dem »Woher« und »Wozu« des Lebens. Besonders die jüngere der beiden Schöpfungsgeschichten (Gen 1,1 bis 2,4 b) bietet viele Ansatzpunkte für eigene Entdeckungen im Text: die klare Gliederung, die Wiederkehr gleich bleibender Formulierungen, der chronologische Aufbau. Die bilderreiche Sprache weckt eigene Assoziationen und provoziert auch bei Jugendlichen Fragen genug im Blick auf unser heutiges Verhältnis zur Natur und zur Umwelt. »Es war sehr gut ...« – ist das nur für die Vergangenheit richtig? – Wird der Mensch wirklich zum »Herrschen« über alle Geschöpfe bestellt? – Gibt es eine Schöpfungsordnung? – Was bedeutet der siebte Schöpfungstag für die Gestaltung unseres Sonntags?
Unser Leben in dieser Welt als Geschenk Gottes in einer bleibend guten Ordnung zu erkennen, macht die Begegnung und Auseinandersetzung mit der alten Erzählung sinnvoll. Der Respekt gegenüber allen Mitgeschöpfen, die der Fürsorge und Verantwortung des (vom Ackerboden genommenen) Adam anvertraut werden, sind in diesem Zusammenhang zu begründen und zu vermitteln.

Methodische Hinweise

Das linke der drei Apsis-Fenster in unserer Kirche sollte die Schöpfungs-geschichte aufnehmen. Allerdings erschien es zunächst schwierig, die sieben Tage auf 5 × 2 Fenster zu verteilen. Die Lösung bestand darin, dass wir für die Eröffnung der Geschichte (»Gott sprach: Es werde ...«) und den siebten Schöpfungstag (»... und er ruhte ...«) je ein Doppel-fenster vorsahen. Die dazwischen liegenden sechs Fenster konnten so den anderen Tagen zugewiesen werden.

Herstellung des Fensters

Nachdem wir in den vorangehenden Konfi-Stunden bereits in unserem Konfi-Kursbuch das Kapitel »Schöpfung« (Kursbuch Konfirmation, Patmos Verlag, Düsseldorf 2005, 2. Auflage 2006, S. 67 ff.) erarbeitet hat-ten, gestalteten wir den Einstieg zu unserem Wochenende am Freitag-abend mit einer großen Wandzeitung zum Thema: Leben in unserer Welt. Eine vielfältige Bilderbörse, zu der auch die Konfirmanden beitru-gen, bot ausreichend Material.

Am Samstagmorgen wurde die biblische Schöpfungsgeschichte nach Genesis 1 mit einem Arbeitsblatt vorgestellt. Die Leitfragen führten die Jugendlichen zu eigenen Beobachtungen am Text, die dann gemeinsam ausgewertet wurden. (M 1)

Den sieben Tagen entsprechend wurden danach in den schon am Vor-abend gebildeten Teams erste Skizzen und Entwürfe angefertigt. Diese wurden diskutiert, verglichen, korrigiert und schließlich wurde für die Übertragung auf das große Zeichenpapier (M 2) folgendes gemeinsam vereinbart:

- Im untersten Fenster als Auftakt: »Alles Leben kommt aus Gottes Händen«. Zwei große Hände – auf zwei Fensterflächen verteilt – tra-gen eine Wasserfläche mit verschiedenen Lebewesen.
- Darüber je ein Bild zu den einzelnen Schöpfungstagen.
- Für den Ruhetag wurde als Symbol ein Regenbogen gemalt, der – zwei Fenster übergreifend – den Davidstern mit zwei Schabbatkerzen und ein Kreuz mit dem Fisch als Zeichen für Christus verbindet.

M1 ——————————————————————————————

Schaut euch den Text der Schöpfungsgeschichte 1 Mose 1,1-2,4 b an.

Fragen zur Bearbeitung:
1) Wodurch ist der Text gegliedert?
2) Welche Aufgabe bekommt der Mensch?
3) Suche dir zwei Schöpfungstage aus, die du gern gestalten möchtest.
4) Fertige dazu Skizzen an.
5) Überlege dir die Farbgebung.
6) Wie soll das gesamte Kirchenfenster gegliedert werden? (M 2)

M2 ——————————————————————————————

Kirchenfenster-Umriss

Liturgische Bausteine

Lieder

EG 305 Singt das Lied der Freude
EG 432 Gott gab uns Atem
EG 501 Wie lieblich ist der Maien
EG 503 Geh aus, mein Herz
EG 504 Himmel, Erde, Luft und Meer
EG 515 Laudato si
EG 653 Herr, deine Liebe ist wie Gras und Ufer

Konfi-Text zu Fenster 1 + 2 (Hinführung zum Kyrie)

»Am Anfang schuf Gott Himmel und Erde ...« – Gott macht den Anfang. Er hat das Leben geschaffen auf dieser Erde. Auch mein Leben kommt aus seinen Händen. Ich kann mich darin geborgen fühlen wie ein Vogel im Nest.
Aber ich kenne auch gut das Gefühl, alles allein mit meinen Händen schaffen zu müssen. Im Alltag verlasse ich mich auf meinen Verstand und meine Erfahrungen. Welche Rolle spielt da der Glaube an Gott, »den Schöpfer des Himmels und der Erde«?

Gebet zum Kyrie

Gott, du hast Leben geschaffen auf unserer Erde
und du willst das Leben erhalten und bewahren.
Darum hast du uns Menschen beauftragt,
deine Schöpfung zu pflegen wie einen schönen Garten.
Du kennst unsere Unfähigkeit, deinem Auftrag zu entsprechen.

Wir wissen vieles und erkennen die Probleme
unseres Lebens ziemlich genau –
aber wir ändern selbst nur wenig.
Diese Dunkelheit bringen wir vor dich,
damit du sie erhellst
und uns den Weg zum Leben zeigst.
Erbarme dich ...

Bekenntnis

»Ich glaube an Gott, den Vater, den Allmächtigen,
den Schöpfer des Himmels und der Erden …«

Das bedeutet:
Ich staune über diese Welt.
Ich danke Gott für mein Leben.
Ich möchte glücklich sein und glücklich machen mit allen Kräften.
Ich möchte alle Geschöpfe lieben, die mir anvertraut sind,
und sie schützen.
Ich kann und weiß mehr als sie, aber sie sind nicht weniger als ich.

Ich staune über die Gedanken Gottes,
die so viel tiefer sind als die meinen,
über seinen Geist, der so viel höher ist als meine Vernunft.
Ich bin überzeugt, dass ich von seiner Welt
nur das Geringe wahrnehme, das meinem Geist entspricht,
und mir mehr verborgen ist, als ich sehen und begreifen werde.

Ich sehe keinen Widerspruch zwischen meinem Wissen
und meinem Glauben.
Dass es elektronische Rechner gibt,
was beweist das gegen die Auferstehung vom Tode?
Ist ein Maulwurfshaufen ein Argument gegen den Himalaja?
Je größer die Kunst ist, die wir Menschen beherrschen,
desto größer wird mir Gott, dessen Gedanken wir denken,
und ich bitte Gott,
mir Weisheit und Sorgfalt zu geben,
dass ich immer mehr von seiner Welt verstehe.

Ich glaube an den Schöpfer der Welt, der Erde und des Himmels.
Der Welt, die ich sehe, und der viel größeren,
von der ich nicht den Schatten einer Ahnung habe.
Das ist wahr.

Jörg Zink

Konfi-Text zu Fenster 3 + 4 (Hinführung zum Gloria)
Gott schafft Licht im Dunkel.
Die Erde – heute aus dem Weltall betrachtet –
wirkt wie ein kostbarer Juwel auf dunklem Samt.
Wir danken Gott und preisen seinen Namen

Konfi-Text zu Fenster 5 + 6
Gräser, Kräuter, Bäume und Blumen, Sonne, Mond und Sterne sind unsere Mitgeschöpfe, unsere Mit-Welt. Franziskus von Assisi hat sie darum in seinem Sonnengesang »Schwestern« und »Brüder« genannt.

Notizen zur Predigt zu Fenster 7 + 8/Textbezug Psalm 8
In einem astronomischen Fachbuch las ich von einem Stern mit Namen »Rigel«. Der ist 900 Lichtjahre von der Erde entfernt. Ein Lichtjahr ist die Strecke, die das Licht in einem Jahr zurücklegt. Licht bewegt sich mit einer Geschwindigkeit von ca. 300 000 km/sek … Unvorstellbar schon die Strecke, die das Licht in einem Jahr zurücklegt, wie viel mehr legt es in 900 Lichtjahren zurück! Mit ihren Fernrohren und Teleskopen empfangen die Astronomen also Signale, die vor 900 Jahren ausgesandt wurden und sehen den Stern, wie er vor 900 Jahren war. Welche Dimensionen und Größenverhältnisse! – Was ist der Mensch, wer bin ich in dieser Schöpfung Gottes?
Die Antwort ist ebenso einfach wie leicht vergessen: Wir Menschen sind ein Teil der Schöpfung. Von Gott aus Liebe geschaffen. Das Leben uns anvertraut wie allen Kreaturen. Wir sind Gäste auf dieser Erde und alles, was wesentlich und notwendig zum Leben gehört, ist ausreichend vorhanden. Wir sind nach Gottes Willen geschaffen, um das Leben auf der Erde zu pflegen und zu bewahren. Gegen die todbringende Gottvergessenheit und Gleichgültigkeit vieler Menschen, die sehen, was geschieht, und doch nichts ändern, erinnern wir uns mit unserem neuen Kirchenfenster an den guten Anfang, den Gott gemacht hat, an seine Geschichte und an seine Gebote.
Albert Einstein, einer der größten Denker und Entdecker des 20. Jahrhunderts, wurde einmal gefragt: Glauben Sie an Gott? Einstein antwor-

tete: »Das brauche ich nicht. Ich sehe ihn ja tagtäglich am Werk.«

Konfi-Text zu Fenster 9 + 10

Der siebte Tag, Tag der Ruhe, Festtag: Für Juden beginnt er am Freitagabend mit dem Anzünden der zwei Schabbatkerzen. Die zwei Dreiecke des Davidsterns zeigen: Hier verbinden und durchdringen sich Göttliches und Menschliches.

Für Christen ist Sonntag, der Tag der Auferstehung, der Fest- und Ruhetag. Mit dem Fisch als Geheimzeichen symbolisierten die ersten Christen ihren Glauben an Jesus Christus. Beide Fenster verbindet der Regenbogen, seit Noahs Tagen sichtbar für Gottes bleibende Verheißung: »Ich will euer Gott sein, ihr sollt mein Volk sein.«

Am Ende die Rechnung

Einmal wird uns gewiss die Rechnung präsentiert für den Sonnenschein und das Rauschen der Blätter, die sanften Maiglöckchen und die dunklen Tannen, für den Schnee und den Wind, den Vogelflug und das Gras und die Schmetterlinge, für die Luft, die wir geatmet haben, und den Blick auf die Sterne und für alle die Tage, die Abende und die Nächte.

Einmal wird es Zeit, dass wir aufbrechen und bezahlen; bitte die Rechnung.

Doch wir haben sie ohne den Wirt ge-

macht: Ich habe euch eingeladen, sagt der und lacht, so weit die Erde reicht:
Es war mir ein Vergnügen!

Lothar Zenetti

B) Vertrauen wagen
Ein Christusfenster gestaltet nach Psalm 23.

Biblisch-theologischer Kontext
Annette und Nina erzählen bei der Beschreibung unseres fertigen Kirchenfensters von einer Vorüberlegung: »Zuerst haben wir hin und her überlegt, ob wir mit den Bildern von oben nach unten gehen sollten oder umgekehrt. Wir entschieden uns für den Weg von unten nach oben, weil es übersichtlicher ist ...« So haben sie mit ihren eigenen Worten eine ganz wesentliche biblische Erfahrung wiedergegeben. Denn Gott fängt auch »unten« an – immer wieder in der Geschichte der Menschheit und seiner Kirche: die Befreiung der Israeliten aus der Sklaverei in Ägypten, die Geburt des Kindes in Betlehem, das Kreuz Jesu und das leere Grab am Ostermorgen, immer wieder beginnt es ganz unten, »aus der Tiefe«. Und wer sich mit dem auferstandenen Christus auf seinen Weg begibt, für den wird das Leben auch »übersichtlicher«, wie Annette und Nina formulierten. Übersichtlicher, weil dieser Glaube wegweisend hineinspricht in unser Leben. So gehören die herrlichen Bilder des Psalms und die Bilder unserer Zeit zusammen:
»Der Herr ist mein Hirte, mir wird nichts mangeln ...« – Ein Bild tiefen Vertrauens zu Gott. Was bedeutet es im Blick auf die umfassenden gesellschaftlichen (Ver-)Sicherungen, die unser Leben bestimmen im privaten und im öffentlichen Bereich?
»Er weidet mich auf einer grünen Aue ...« – Leben dürfen, umgeben und versorgt von Gottes guter Schöpfung. Was bedeutet dieses Bild für unseren Umgang mit der Natur? Wie sehen unsere »Lebens-Räume« aus?
»Und ob ich schon wanderte im finstern Tal, fürchte ich kein Unglück ...« – Da wird nicht beschönigend geredet: es wird schon alles gut

gehen; mal abwarten; nur nicht unterkriegen lassen … Der Psalmbeter sagt:»Dennoch (!) fürchte ich kein Unglück, denn du bist bei mir.« Dennoch: die dunklen Horizonte, die großen Fragezeichen, die niederdrückenden Zahlen, die Angst vor der Zukunft können mich nicht gefangen nehmen, denn »du, Gott, bist bei mir!« – Dieser Glaube schenkt das nötige Vertrauen zum Leben und Kräfte genug, um verantwortlich vor Gott zu handeln.

»Du bereitest vor mir einen Tisch im Angesicht meiner Feinde …« An diesem Tisch des Lebens wird voll eingeschenkt. Bei Jesus lernen wir: die Liebe ist das Brot, das sich vermehrt, wenn man es teilt. »Unser Brot – Brot für die Welt!«

»Und ich werde bleiben im Hause des Herrn immerdar …« – über alle Grenzen hinweg tragfähige Hoffnung. Zukunft, die Gott schenkt, trotz allen Ballasts und erschwerter Lebensbedingungen, die das Leben zukünftiger Generationen auf unserer Erde beeinträchtigen.

Im 23. Psalm begegnen uns wahrhaftig nicht nur schöne idyllische Bilder aus einer vergangenen Zeit. Als Kontrast erhellen sie die Schattenseiten unseres heutigen Lebens.

Methodische Hinweise zur Anfertigung der Bilder

Der 23. Psalm gehört nicht ohne Grund zu den bekanntesten und beliebtesten Bibeltexten. Trotz der ungewohnten Sprache der Lutherübersetzung habe ich in vielen Konfi-Jahrgängen erlebt, dass das Auswendiglernen dieser Verse wenig Schwierigkeiten bereitet. Für unser Wochenende konnte darum bei etlichen Konfirmanden der Text schon als bekannt vorausgesetzt werden.

So haben wir am Samstagmorgen zunächst noch einmal die Bilder, die der Psalm verwendet, beschrieben und gedeutet (M 1). Danach versuchten die Jugendlichen eine persönliche Umsetzung und Übertragung der Verse in ihre eigene Sprache und Welt (M 2). Anregung dazu fanden die Konfirmanden im »Kursbuch Konfirmation« (Patmos Verlag, Düsseldorf 2005, 2. Auflage 2006, S. 113). Mit einem dritten Arbeitsblatt (M 3) gaben wir die Anregung, zu den Bildern des Psalms aktuelle Kontrast-Bilder zu finden und zu skizzieren.

Nach einer Pause wurden im zweiten Teil des Vormittags die verschiede-

nen Entwürfe vorgestellt und eine Auswahl getroffen. Die gegensätzlichen Bilder wirkten »echt krass« und motivierten sehr zur Gestaltung am Nachmittag. Vereinbart wurde auch, mit dem ersten Vers im unteren Fach des Kirchenfensters zu beginnen und die folgenden Kontrast-Bilder darüber anzuordnen. Für unseren Gemeindebrief haben die Konfirmanden selbst von dieser Arbeit berichtet:

»Auf unserer zweiten Freizeit gestalteten wir zum 23. Psalm unser Kirchenfenster. Jeder hatte die Aufgabe, sich zu den einzelnen Versen ein passendes Bild auszudenken und es dann darzustellen.

Zuerst haben wir hin und her überlegt, ob wir mit den Bildern des Psalms von oben nach unten gehen sollten oder umgekehrt. Wir entschlossen uns für den Weg von unten nach oben, weil es übersichtlicher ist. Nun also begann die Arbeit.

Die Bilder des Psalms wurden auf der linken Seite angeordnet; für die rechte Seite entwarfen wir aktuelle Kontrast-Bilder. So sehen wir links das Bild vom Hirten mit seinen Schafen (›… mir wird nichts mangeln …‹), das Felix malte. Gegenüber eine Darstellung von militärischen Gegenständen, Waffen und Raketen: ›Unsere Sicherheiten …‹, ein Bild von Frank.

Darüber die schöne grüne Landschaft von Michael und Susanne gemalt; gegenüber von Nina eine Industrielandschaft.

Im dritten Fach malten zwei, Aline und Wiebke, ein dunkles Gitter, um anzudeuten, was uns gefangen nimmt: ›Unsere Gefängnisse‹. Vom Psalm her gehört dazu das Bild vom finsteren Tal. Darüber den reich gedeckten Tisch mit dem Regenbogen als Zeichen für Gottes Bund, malte Annette. Niki entwarf gegenüber eine Hand, weit ausgestreckt. Sie bittet um: ›Unser Brot – Brot für die Welt.‹ Ganz oben schließlich die schöne Kirche – als ›Haus Gottes‹ – ist von Annika; Judith malte daneben in die vom Fenster vorgegebene Form den Kühlturm eines Atomreaktors: ›Was uns bleibt … – Was gibt uns Hoffnung für unsere Zukunft?‹ So haben wir ein ganzes Fenster zum 23. Psalm gestaltet. Die Bilder gehören zusammen.«

M1

Der HERR ist mein Hirte, mir wird nichts mangeln.
Er weidet mich auf einer grünen Aue
und führet mich zum frischen Wasser.
Er erquicket meine Seele.
Er führet mich auf rechter Straße um seines Namens willen.
Und ob ich schon wanderte im finstern Tal, fürchte ich kein Unglück;
denn du bist bei mir, dein Stecken und Stab trösten mich.
Du bereitest vor mir einen Tisch im Angesicht meiner Feinde.
Du salbest mein Haupt mit Öl und schenkest mir voll ein.
Gutes und Barmherzigkeit werden mir folgen mein Leben lang,
und ich werde bleiben im Hause des Herrn immerdar.

Übersetzung Martin Luther

Fragen zur Erarbeitung
1) Welche Bilder verwendet der Psalm?
2) Beschreibe die Stimmung, die sie vermitteln.
3) Welche Bilder würdest du gern malen?
4) Entwirf Skizzen dazu!

M2 —————————————————————————————

Schreib deinen Psalm 23:

M3 —————————————————————————————

Suche Kontraste/Gegenbilder zum 23. Psalm

1) Worauf vertrauen wir? Was gibt uns Sicherheit?
2) Wodurch sind unsere »grünen Auen«, bedroht?
3) Vor welchem Unglück fürchten wir uns?
4) (M)ein Tisch – nur für mich?
5) Was wird uns bleiben für die Zukunft?

Liturgische Bausteine

Lieder

EG 288 Nun jauchzt dem Herren alle Welt
EG 607 Vertrauen wagen dürfen wir (Anhang Oldenburgische Landeskirche)
EG 653 Herr, deine Liebe
GK 67   Ich traue Gott
GK 81   Wenn das Brot, das wir teilen
TG 18   Confitemini domino
TG 150 Behüte mich Gott

Hinführung zum Eingangsgebet

Wir sind nicht fertig an diesem Tag der Konfirmation. Viele Fragen sind noch offen. Zweifel mischen sich mit unserem Glauben. Viele Erwachsene hier haben ihre eigenen Erfahrungen, Freuden und Enttäuschungen mit dem Glauben erlebt. Das alles bringen wir mit in diesen Gottesdienst. In der Stille wollen wir Gott sagen, was uns schwer fällt, was uns Angst macht oder zweifeln lässt:

Gebet

Gott, lass uns immer besser verstehen, was Glauben heißt. Wir haben herauszufinden versucht, was es in unserer Welt und in unserem eigenen Leben bedeuten könnte, zu glauben. Dazu brauchen wir alle noch vielmehr Einsicht und Mut und viele gute Einfälle. Und wenn wir nicht mehr weiterwissen, brauchen wir Menschen, die das verstehen und uns weiterhelfen. Lass uns nicht allein.
Erbarme Dich

Gott, Du hast uns Menschen gegeben, die uns bis heute begleitet haben. Nicht jeden haben wir anerkannt. Manches Wort haben wir aus Gleichgültigkeit oder mit Absicht überhört. Wir bitten Dich: Vergib, was wir falsch gemacht haben. Und mach heute einen neuen Anfang mit uns. Gib uns den Mut, Dir zu vertrauen.
Erbarme Dich

Gott, Du erträgst es nicht, dass einer Deiner Menschen verlorengehen sollte. Durch Jesus wissen wir, dass Du keinen übersiehst, der sich verirrt hat.
Wir danken Dir, dass Du uns suchst und findest, wie der gute Hirte sein
verlorenes Schaf. Amen

Zur Meditation
Indianische Fassung von Psalm 23:

Der große Geist droben ist der Hirte aller Hirten.
Ich bin sein, und mit ihm mangelt mir nichts.
Er wirft mir ein Seil zu, und das Seil heißt Liebe,
und er zieht mich sehr sanft dorthin,
wo das Gras grün und das Wasser nicht gefährlich ist.
Und ich esse und lege mich gesättigt nieder.
Oftmals ist mein Herz schwach und entfällt mir.
Aber er hebt es wieder empor und zieht mich
auf eine gute Straße, denn sein Name ist wunderbar.
Dereinst – es mag sehr bald sein, es mag etwas später sein,
vielleicht viel später – wird er mich in ein enges Tal ziehen,
das zwischen den Bergen liegt. Es ist dunkel dort,
aber ich werde nicht umkehren und mich auch nicht fürchten,
denn dort, zwischen den Bergen,
wird der große Hirte mir begegnen,
und der Hunger, den ich in meinem Herzen
das ganze Leben hindurch verspürte, wird gestillt werden.
Er bereitet vor mir einen Tisch mit mancherlei Speisen.
Er legt seine Hand auf mein Haupt und alle Müdigkeit ist dahin.
Er füllt meinen Becher, bis er überläuft.
Was ich sage, ist wahr, es ist keine Lüge.
Die Straßen, die vor mir liegen,
werden mich durch dieses Leben führen.
Hernach werde ich hingehen, in dem großen Lager zu wohnen,
und mich niedersetzen mit dem großen Hirten immerdar.

Verfasser unbekannt

C) Gottes Geist befreit zum Leben
Ein Heilig-Geist-Fenster ausgehend von: EG 182.

Biblisch-theologischer Kontext
Eigentlich war das gar nicht vorgesehen, was da geschah, 50 Tage nach Ostern. Tausende von Festpilgern sind versammelt auf dem riesigen Tempelplatz. Nach dem Passafest treffen sie sich wieder, um für die Zehn Gebote zu danken, die Mose empfing am Sinai. Mitten unter ihnen die Gruppe der Schüler des Rabbi Jesus. Lange hatte man sie nicht mehr gesehen. Aber nun: nicht mehr versteckt, nicht mehr ängstlich und geduckt, ganz frei treten sie unter die Menschen auf und beginnen, von ihrem gekreuzigten und auferstandenen Herrn zu reden. Aber was heißt da »reden«? Das ist wie ein Sturmwind, wie ein Brausen vom Himmel, brennend wie Feuer.

Bei unserem Wochenende und dann im Konfirmationsgottesdienst haben wir eine lautmalerische Vertonung der Pfingstgeschichte entwickelt, die andeuten konnte, wie sich das vielleicht anhörte.

Allen, die den Jüngern damals zuhörten, ging es durch's Herz, erzählt Lukas, und sie verstanden, verstanden, trotz verschiedener Sprachen und Mundarten: Jesus lebt! Der Tod ist überwunden durch ihn. Gott bewahrt unser Leben, auch wenn wir sterben!

So durchbrach das Licht dieser guten Nachricht 50 Tage nach Ostern das Dunkel, das die Jünger umfangen hielt. Seitdem ließen sich immer mehr Menschen mitnehmen auf den Weg des Glaubens. Durch alle Jahrhunderte, auch in den finstersten Kapiteln der Kirchengeschichte, ging dieser Geist Gottes, der zum Leben befreit, nicht verloren.

Allerdings wissen auch Jugendliche schon genug darüber, wie bedroht die Freiheit ist, die der Geist Gottes bewirken will. Nicht nur die großen dunklen Fragezeichen am Horizont der Zukunft unserer Welt, ganz persönlich und nah erfahren Jugendliche selbst in Schule und Familie Zwänge, die sie einengen und lähmen können. Umso befreiender kann die Begegnung mit der Pfingstgeschichte auch für Konfirmanden sein. Bewegung und Begeisterung erleben, Sprachbarrieren überwinden, Fantasie und Hoffnung entwickeln: Wirkungen des Heiligen Geistes, die es lohnt, mit Jugendlichen zu entdecken und anschaulich zu machen.

Methodische Hinweise zur Anfertigung der Bilder

Nachdem wir bereits mit den vorangegangenen Jahrgängen das Schöpfungs- und das Christusfenster erarbeitet hatten, sollte jetzt für die rechte Seite der Apsis ein Heilig-Geist-Fenster entwickelt werden. Schon bei unseren vorbereitenden Gesprächen im Freizeitteam fanden wir in der Pfingstgeschichte viele Bilder und Motive, die sich zur Gestaltung anboten: Feuer, Sturmwind, Geburtstag der Kirche usw. Bei unseren Ideen war es allerdings unumgänglich, dass wir uns an dem bereits fertigen Schöpfungs- und Christusfenster orientierten und natürlich auch am vorgegebenen Raster der zehn Glasflächen.

Bei der Auswahl von Liedern zu diesem Wochenende entdeckten wir (Zufall oder Wirken des Heiligen Geistes?), dass ein bei den Konfirmanden und in der Gemeinde gern gesungenes Lied aus dem Gesangbuch alle wesentlichen Motive der Pfingstgeschichte enthält: EG 182. So wählten wir Strophen aus, die sich gut darstellen ließen, und ordneten sie den einzelnen Fenstern zu.

Am Freitagabend eröffneten wir unser Wochenende, nach einer bewegten (!) Spiel- und Singrunde, diesmal mit dem Film »Sister act«, der auf eigene, durchaus komische Weise einen Kommentar zu unserem Thema abgab.

Am Samstagmorgen wurde zunächst Apostelgeschichte 2 (in Auswahl) mit den Jugendlichen erarbeitet (M 1). Danach gaben wir mit einem zweiten Arbeitsblatt (M 2) unsere Rahmenidee zur Gestaltung des dritten Fensters in der Apsis unserer Kirche in die Gruppe.

Bei der Präsentation der Skizzen zeigte sich eine große Vielfalt, und die Auswahl für die Fenster war nicht leicht. Parallel zum gegenüberliegenden Schöpfungsfenster bot es sich an, im untersten und obersten Fach für die beiden nebeneinanderliegenden Felder nur je ein Motiv zu nehmen.

Nachdem die Skizzen am Ende des Vormittags noch auf die Blätter in Originalgröße übertragen waren, ging es am Nachmittag in der Malwerkstatt mit Schwung und Freude an die Arbeit. Am Ende – nach ca. drei Stunden – staunten wir, mit wie viel Fantasie und Geschick die Jugendlichen ihre Fenster gestaltet hatten. Am Sonntagmorgen gaben die Malgruppen im Gottesdienst ihrem jeweiligen Bild eine Deutung, die wir auch bei der Konfirmation wieder aufnahmen.

M1

Lest die Pfingstgeschichte:

- Das Pfingstwunder, Apg 2,1-13
- Die Predigt des Apostels Petrus, Apg 2,14-42
- Das Leben der Gemeinde: Apg 2,43-47

Fragen zur Pfingstgeschichte:

1) Wie beschreibt Lukas das Wirken des Heiligen Geistes?
   Kennzeichne die entsprechenden Worte im Text.
2) Wie reagieren die Menschen?
3) Welche sind deiner Meinung nach die wichtigsten Aussagen in Petrus' Predigt?
4) Wie sieht das Leben der Gemeinde aus?

M2

Fragen zur Erarbeitung der Ideen:

1) Kennzeichne in den Liedstrophen die Begriffe und Worte, die sich gut malen lassen.
2) Fertige zu den einzelnen Worten eine Skizze an.
3) Versuche einen Gesamtentwurf des Fensters.

Freut euch, ihr Christen,
nehmt wahr, was Gott verheißt,
dass wir im Dunkel nicht treiben;
Wahrheit und Licht und die Kraft,
durch seinen Geist
in seiner Liebe zu bleiben.
Halleluja, Halleluja.

So wie die Körner,
auf Erden weit verstreut,
zu einem Brote geworden,
so führt der Herr die zusammen,
die er liebt.
Halleluja, Halleluja.

Ihr seid das Volk,
das der Herr sich ausersehen.
Seid eines Sinnes und Geisres.
Ihr seid getauft
durch den Geist zu einem Leib.
Halleluja, Halleluja.

Lasst Gottes Licht
durch euch scheinen in der Welt,
dass sie den Weg zu ihm findet
und sie mit euch jeden Tag
Gott lobt und preist.
Halleluja, Halleluja.

Freut euch, ihr Christen,
erstanden ist der Herr: er lebt,
und wir sollen leben.
Not, Angst und Tod
kann uns nicht besiegen mehr:
Gott hat den Sieg uns gegeben.
Halleluja, Halleluja.

Liturgische Bausteine

Lieder

EG 334 Danke für diesen guten Morgen
EG 182 Suchet zuerst Gottes Reich in dieser Welt
EG 395 Vertraut den neuen Wegen
EG 265 Nun singe Lob, du Christenheit
GK 85   Nehmet einander an
TG 43   Veni lumen cordium

Text zur Meditation

Wer an fromme Menschen denkt, der verbindet damit nicht selten die Vorstellung von alten Leuten mit ernster Miene und weltfremdem Verhalten: der Fromme kann nicht lachen und in die Hände klatschen, nicht hüpfen und tanzen (schon gar nicht in der Kirche …).

Wer an Gott denkt, der verbindet damit nicht selten die Vorstellung von einem Greis mit überaus ernstem Antlitz und strenger Feierlichkeit.

Aber Gott ist doch der Ursprung der Freude. Wer in seiner Gemeinschaft steht, kann lachen und fröhlich sein und erfährt von ihm Kraft genug, auch in schweren Lebenserfahrungen nicht zu verzweifeln.

Darum bewahre uns Gott vor Gottesdiensten mit weltfremdem Gerede, mit lahmen und eintönigen Gesängen, mit unverständlichen Gesten und Gebräuchen.

Darum bewahre uns Gott vor einer Kirche mit verdrießlichen Frommen, und ihrem weltfremdem Gesichtsausdruck. Denn ich will mit Gott, der mir mein Leben geschenkt hat, lachen, mich freuen und dankbar sein …

Norbert Scholl

Deutung zu Fenster 1 + 2

Unsere Freude als Christen gründet in der Osterbotschaft: Der Tod ist nicht das Ende unserer Gemeinschaft mit Gott. Christus ist auferstanden! Mit dem Licht dieser guten Nachricht gehen wir durch die Dunkelheiten unseres Lebens.

Auf unserer Osterkerze und auch im untersten Teil unseres Glasfensters haben wir dies symbolisch dargestellt, verbunden mit einem Wort von Dietrich Bonhoeffer: »... wir wissen es, dein Licht scheint in der Nacht.«

Deutung zu Fenster 3 + 4

Die Osterbotschaft hatte zuerst die Frauen am leeren Grab Jesu, dann alle seine Jünger erreicht. Wie Jesus es ihnen aufgetragen hatte, brachten sie nun die gute Nachricht in die Welt. Wir selbst sind in unserer Konfirmandenzeit Schritte auf diesem Weg mitgegangen. Die roten Spuren im rechten Fenster (Fußabdrücke der Konfirmanden in Originalgröße) führen zu Christus, der »Tür zum Leben«.

Deutung zu Fenster 5 + 6

Unsere Schritte zum Glauben sind wir bis hierher gegangen in der Gemeinschaft unserer Familien und nächsten Angehörigen. Der Weg zum heutigen Konfirmationsfest hat ja für alle in unserer Gruppe schon vor vielen Jahren begonnen. Mit unseren Eltern und Paten erinnern wir uns an die Taufe, durch die wir in die Kirche aufgenommen wurden.

Die Gemeinschaft der Kirche ist weltweit und offen für alle Menschen. Die vielen unterschiedlichen Gesichter, links in der dritten Fensterreihe, sollen daran erinnern: Wir sind miteinander verbunden als Volk Gottes durch die Taufe. Darum haben wir im Fenster daneben um die Taufschale unsere Namen und Tauftage aufgeschrieben.

Deutung zu Fenster 7 + 8

Auf dem Weg zur Konfirmation war die Begegnung mit dem Abendmahl für uns eine wichtige Station. Bei unserem Konfirmandennachmittag, an dem auch die Eltern teilnahmen, haben wir erfahren, dass die Einladung Jesu unsere Gemeinschaft stärken will.

Im linken Fenster der vierten Reihe haben wir die Körner in den Ähren dargestellt; im rechten den Abendmahlstisch und die Trauben des Weinstocks.

Deutung zu Fenster 9 + 10

Im oberen Teil unseres Fensters haben wir das bekannte Symbol für den Heiligen Geist dargestellt. Auch wenn unser Vogel nicht gerade wie eine Taube aussieht, kann er doch die Bewegung zeigen, die seit dem Pfingstereignis in Jerusalem bis heute die Kirche begleitet: »... Wahrheit und Licht und die Kraft durch Gottes Geist, in seiner Liebe zu bleiben.«

Predigtmotiv

»Wo der Geist Gottes ist, da ist Freiheit.« (2 Kor 3,17)

Mit unglaublicher Offenheit und Freiheit hat Jesus den Weg zu einem Leben gezeigt, wie es eigentlich Gottes Willen (und der Thora) entspricht. Wir haben die Einladung und den Auftrag, in unseren Gemeinden und Gottesdiensten diese Freiheit einladend zu vermitteln und zu einem verantwortlichen Handeln zu motivieren.

Wie können wir Gemeindearbeit so gestalten, dass Menschen befreit aufatmen können und ermutigt werden, lähmende Gesetzmäßigkeiten und Zwänge zu ändern?

Die Gestaltung der fantasievollen und in ihrer Aussage klaren Bilder des Heilig-Geist-Fensters der Konfirmanden können etwas von dieser Freiheit und Bewegung anschaulich machen.

Global Prayer – Das Gebet, das die Welt umspannt: Ein Vaterunser-Fries

Biblisch-theologischer Kontext

Hoch über der Stadt, auf dem Ölberg in Jerusalem, befindet sich die Pater-Noster-Kirche mit dem dazugehörenden Kloster. In 80 verschiedenen Sprachen ist dort im Kreuzgang der Text des Vaterunsers ringsum auf Majolika-Tafeln angebracht. Ohne wortreiche Erklärung teilt sich den Besuchergruppen – einfach beim Gehen im Kreuzgang – der Sinn dieser Anordnung mit: Vaterunser – das Gebet, das die Welt umspannt. Bis heute vergeht keine Minute, keine Sekunde, in denen es nicht irgendwo auf der Welt gebetet wird. Im Internet gibt es ca. 900 000 Web-Seiten, die das Vaterunser erwähnen. Nicht anders als zu allen Zeiten hat dieses Gebet Jesu seine Bedeutung für viele Millionen Menschen weltweit behalten. In jedem Gottesdienst wird es gesprochen; bei der Taufe eines Kindes dankbar für neues Leben, das Gott schenkt, und ebenso auch wieder am Ende, wenn Menschen Abschied nehmen müssen an einem Grab. Der einfache Text des Vaterunsers umgreift mit seinen sieben Bitten offensichtlich alle wesentlichen Stationen und Erfahrungen unsers Lebens.

Wenn du mit Gott reden willst, brauchst und sollst du nicht viele Worte zu machen. Es ist nicht nötig zu »plappern«, sagt Jesus zu seinen Jüngern in der Einleitung zum Vaterunser (Mt 6,7). Beten – reden mit Gott wie mit einem Freund – das kann auch ganz ohne Worte geschehen, manchmal nur mit »unaussprechlichem Seufzen«, wie Paulus es einmal im Römerbrief (8,26) nennt.

Eine alte Frau, die schon mehrfach im Krankenhaus operiert werden musste, erzählte mir: »Im Bett neben mir in meinem Zimmer lag eine sehr unruhige Patientin. Sie stöhnte und jammerte unaufhörlich. Alles gute Zureden der Schwestern und Pfleger half nicht. Für mich wurde es fast unerträglich, weil ich selbst nach meiner Operation ja auch noch ziemlich schwach war. Eines Abends – ich weiß selbst nicht, wie ich darauf kam – begann ich, laut das Vaterunser zu beten. Plötzlich wurde das Jammern der anderen Patientin leiser, verstummte schließlich ganz. Sie wurde ruhiger und dann hörte ich, wie sie leise das Gebet mit mir sprach ...«

Da hat jemand etwas erlebt von der hilfreichen Kraft dieser Worte. Aber nicht immer verbinden sich mit dem Vaterunser solch tiefe Gefühle und Erfahrungen. Oft wird es auch einfach nur so gesprochen, ohne tieferes Nachdenken und ohne innere Anteilnahme, wie es in einer kleinen Sprechszene in unserem Kursbuch Konfirmation (»Unterbrich mich nicht!«, in: Kursbuch Konfirmation, Patmos Verlag, Düsseldorf 2005, S. 115) erfrischend zum Ausdruck kommt.

Nicht ohne Grund gehört das Vaterunser im Konfirmandenunterricht zu den Texten, die am einfachsten von den Jugendlichen aufgenommen und verstanden werden. Je komplizierter unsere globalisierten Lebensverhältnisse werden, desto wertvoller erscheint das Gebet Jesu bei allem, was uns täglich sprachlos machen kann.

Methodische Hinweise zur Herstellung der Fenster

Mit diesem Projekt planten wir einen Bilderfries, der sich durch alle zehn noch ungestalteten freien Fenster der Kirche ziehen sollte. Uns war bewusst, dass wir uns damit auch wesentlich mehr Arbeit vorgenommen hatten als bei den früheren Gruppen, für die 14 Jugendlichen dieses Jahrgangs ein spannendes Unternehmen. Mehr noch als bei den bisherigen Wochenenden war darum die (Vor-)Arbeit mit dem Text selbst (M 1) und Anregungen zu seiner Gestaltung gut vorzubereiten. Bereits am Freitagabend begann die thematische Arbeit, die zu einer Beschäftigung mit den einzelnen Stücken des Vaterunsers anleitete. Auch die Mal-Teams (1×2 und 4×3 Jugendliche) wurden schon für den nächsten Tag gebildet.

Am Samstagmorgen entwickelten wir mit dem zweiten Arbeitsblatt (M 2) Ideen zur Gestaltung der Fensterreihe. Dabei war vereinfachend (und zeitsparend) jeder Textteil des Vaterunsers bereits mit einer besonderen Aufgabe und einem dazugehörigen thematischen Stichwort versehen. Zu den einzelnen Motiven gab es verschiedene Hinweise und Materialien: Die Anrede »Vater unser« und das »Amen« in verschiedenen Sprachen und Schriften; einige Brot-für-die-Welt-Plakate; Plakat zur ersten europäischen Kirchenversammlung in Basel 1989; Plakat zur Weltversammlung der Christen in Seoul 1990.

Um nicht den jeweiligen Text des Vaterunsers auf das Fenster schreiben zu müssen, hatten wir ihn auf Folien – in Hohlschrift kopiert – vorbereitet. Die Folien wurden auf der Rückseite der Plexiglasscheibe mit Tesafilm aufgeklebt und mit einem Pergamentpapier überzogen, damit sie auch vor dem Rautenmuster der alten Kirchenfenster gut lesbar bleiben. So lief dann der Text des Vaterunsers wie ein Band in gleich bleibender Gestaltung von Fenster zu Fenster.

Auf den Papierbögen in Originalgröße, auf denen die verschiedenen Motive entworfen und farblich konzipiert wurden, blieb natürlich unten der Rand für die Textfolie frei. Die Übertragung auf die Plexiglasscheiben machte große Freude und es war erstaunlich, wie 14 Jugendliche innerhalb von ca. drei Stunden am Nachmittag diese Aufgabe bewältigten. Zuhause, ringsum in unserer Kirche aufgehängt, hatten wir dann wirklich das Gebet vor Augen, das unsere (kleine und große) Welt umspannt.

Vorarbeiten zum Vaterunser:

Vater unser im Himmel:	Was zeichnet einen guten Vater oder eine gute Mutter aus?
Geheiligt werde dein Name:	Muslime kennen 99 Namen für Allah, z. B. »der weise Richter« oder »der Wachsame«. Welche Namen fallen euch für Gott ein?
Dein Reich komme:	Denkt euch eine kleine Geschichte aus: »Wenn Gott in unserem Dorf ›regiert‹, dann … «
Dein Wille geschehe, wie im Himmel so auf Erden:	Denkt euch kleine Szenen aus, in denen Gottes Wille nicht geschieht. Spielt sie pantomimisch den anderen vor.
Unser tägliches Brot gib uns heute:	Überlegt, was ihr an einem Tag a) zum Überleben, b) zu einem guten und sinnvollen Leben braucht, und wo c) der unnötige Luxus beginnt!
Und vergib uns unsere Schuld, wie auch wir vergeben unseren Schuldigern:	Zwei Personen, die seit langem verfeindet sind, begegnen sich zufällig auf der Straße. Spielt diese Begegnung ohne Worte! Überlegt euch auch, wie ihr ohne Worte eine Versöhnung dieser beiden Personen spielen könnt.

Und führe uns nicht in Versuchung, sondern erlöse uns von dem Bösen:	Nennt verschiedene Grenzen, die wir Menschen (z. B. in der Technik, im Lebensstil, im Verhältnis zur Natur usw.) nicht überschreiten sollten, weil wir uns und künftigen Generationen damit großen Schaden zufügen würden.
Denn dein ist das Reich und die Kraft und die Herrlichkeit in Ewigkeit. Amen:	Stellt euch vor, nicht Gott, sondern einzelne Menschen hätten die Macht in der Welt und würden von allen angebetet! Wäre das besser, als wenn Gott »das Reich und die Kraft und die Herrlichkeit« gehörte? Überlegt euch ein paar Beispiele, an denen ihr eure Meinung verdeutlichen könnt!

(Vgl. Kursbuch Konfirmation, Patmos Verlag, Düsseldorf 2005, S. 114)

Wie könnte man das Vaterunser mit Gesten darstellen?

Ideen zur Gestaltung einer Fensterreihe zum Vaterunser:

Vater unser im Himmel:	So beginnt das Gebet, das die Welt umspannt. **Aufgabe:** Gestaltet mit dem Anfang des Vaterunsers in vielen Sprachen der Erde (Material vorhanden) ein **Anrufungsfenster.**
Geheiligt werde dein Name:	Der Name Gottes (Jahwe = Ich bin da) wurde zuerst Mose in einem brennenden Dornbusch offenbart. **Aufgabe:** Lest 2 Mose 3,1-14 und entwerft dazu ein **Namen-Gottes-Fenster.**
Dein Reich komme:	Jesus hat immer wieder davon gesprochen: Das Reich Gottes ist mitten unter euch – und es wächst! In vielen Bildern und Vergleichen hat er das gezeigt. **Aufgabe:** Lest Matthäus 13,31+32; 44-46 und skizziert dazu ein **Reich-Gottes-Fenster.**
Dein Wille geschehe, wie im Himmel so auf Erden:	Gottes Wille finden wir in den Zehn Geboten zusammengefasst. **Aufgabe:** Lest nach in unserem Kursbuch Konfirmation ab S. 117 und entwerft dazu ein **Zehn-Gebote-Fenster.**
Unser tägliches Brot gib uns heute:	»Brot ist alles, was wir zum Leben brauchen ...« Lest nach in unserem Kursbuch Konfirmation ab S. 75. **Aufgabe:** Schaut euch die Seiten an und entwerft mit den vorhandenen Brot-für-die-Welt-Plakaten ein **Brot-Fenster.**

Und vergib uns unsere Schuld, wie auch wir vergeben unsern Schuldigern:	Ver-geben hat mit unseren Händen zu tun und mit unseren Gesichtern. **Aufgabe:** Zeichnet einige Umrisse von Konfi-Händen und zwei Gesichter (im Profil) und gestaltet damit ein **Vergebungs-Fenster.**
Und führe uns nicht in Versu-chung,	Ein altes biblisches Bild für Versuchung ist die Schlange! **Aufgabe:** Überlegt, was alles eine Versuchung darstellen kann. Findet mindestens zehn Beispiele. Entwerft dazu ein **Schlangen-Fenster** und schreibt auf die Schlangen die jeweilige Versuchung.
sondern erlöse uns von dem Bösen:	Was ist das Böse in unserer Welt, in unserem Leben? Wie kann es überwunden werden? Schreibt Beispiele auf. **Aufgabe:** Gestaltet mit dem Plakat für Frieden, Gerechtigkeit, Bewahrung der Schöpfung (Weltversammlung der Christen in Seoul, 1990) ein **Erlösungs-Fenster.**
Denn dein ist das Reich und die Kraft und die Herrlichkeit in Ewigkeit:	Hier kommt die Hoffnung der Christen zum Ausdruck. Glaube ist niemals Stillstand, sondern immer Bewegung. Das kam in dem Plakat der großen europäischen Kirchen-versammlung in Basel 1989 zum Ausdruck. **Aufgabe:** Gestaltet damit ein **Hoffnungs-Fenster.**
Amen:	Bedeutet: »Das werde wahr!« oder: »So soll es sein!« oder einfach: »Ja!« **Aufgabe:** Gestaltet (wie beim ersten Fenster) mit verschiedenen Sprachen und Schriften (Material vorhanden) ein **Amen-Fenster.**

Bitte für alle Fenster beachten:
Am unteren Rand soll der Text des Vaterunsers (auf Folie kopiert) zu lesen sein, auf den sich die bildliche Darstellung bezieht.

Liturgische Bausteine

Lieder

EG 188   Vater unser, Vater im Himmel
EG 225   Komm, sag es allen weiter
Eg 229   Kommt mit Geben und Lobgesang
GK 90   Lass uns den Weg der Gerechtigkeit gehen
TG 5   Bless the Lord, my soul
TG 129   Bleib mit deiner Gnade bei uns

Konfi-Text zum Anrufungsfenster

Das Vaterunser ist das bekannteste Gebet der Christen. Es stammt von Jesus. Als die Jünger ihn fragten, wie sie beten sollen, hat er es ihnen vorgesprochen. Bis heute vergeht keine Sekunde, in der es nicht irgendwo auf der Erde in vielen verschiedenen Sprachen gebetet wird. Das Vaterunser verbindet alle Christen weltweit:
Awinu, awi schebaschamaijm
Our father in heaven
Notre Père qui es aux cieux
Padre nuestro que estas en los cielos
Ot'ce nás, jenz jsi na nebesich
Mi Atyánk, ki vagy a mennyekben
Onze Vader, die in de hemelen zijt
Isä meidän, joka olet taivaissa
Far vår i himmelen

Konfi-Text zum Namen-Gottes-Fenster

Der erste Mensch, der den Namen Gottes erfährt, ist Mose. In der Steppe hütet er eine Schafherde. Da bemerkt er ein Feuer. Es hat einen Dornbusch erfasst, der jedoch nicht richtig verbrennt. Dort hört Mose Gottes Stimme: »Ich will dich nach Ägypten senden, um die Israeliten aus der

Sklavenarbeit dort bei den Pyramiden zu befreien.« Mose fragt: »Wer bist du?« Die Stimme antwortet: »Ich bin da – für dich – das ist mein Name.« In der hebräischen Bibel heißt dieser Name Gottes: Jahwe. Im zweiten Fenster der Bilder zum Vaterunser haben wir diese Geschichte angedeutet mit dem brennenden Dornbusch, in dem der Name Gottes erscheint: »... geheiligt werde dein Name«.

Konfi-Text zum Reich-Gottes-Fenster
Vom Reich Gottes hat Jesus immer wieder gesprochen. Das Leben, wie Gott es gedacht, gewollt und geschaffen hat, lässt sich finden – auch heute. Oft schon in ganz kleinen Zeichen: Wo wieder Friede wächst nach einem Krieg. Wo Fremde nicht als hergelaufene Ausländer abgestempelt und abgeschoben werden. Wo die Pflege und Bewahrung von Gottes Schöpfung noch wichtiger ist als Besitz und Geld. Ein kleines Samenkorn davon genügt, damit das Reich Gottes wachsen kann. Unser drittes Fenster zeigt das mit seinem schönen, kräftigen Baum: »Dein Reich komme ...«

Konfi-Text zum Zehn-Gebote-Fenster
In den zehn Geboten finden sich schon mehr als 3000 Jahre lang die wichtigsten Grundsätze, die das Leben der Menschen in Freiheit und Verantwortung vor Gott bestimmen können. Auf zwei Steintafeln hat Mose sie empfangen. Die ersten drei Gebote sprechen von der Beziehung zwischen Gott und Mensch. Auf der zweiten Tafel – viertes bis zehntes Gebot – wird gesagt, was für das Zusammenleben der Menschen wichtig ist. Beide Tafeln sind wichtig, wenn wir bitten: »Dein Wille geschehe ...«

Konfi-Text zum Brot-Fenster
Mit dem fünften Fenster haben wir ein Motiv der Brot-für-die-Welt-Sammlung aufgenommen: Ein schöner leuchtender Kornährenkranz, der aber in seiner unteren Hälfte in Stacheldraht übergeht. Brot erbitten wir im Vaterunser für alle Menschen – und die Fähigkeit, es gerechter zu verteilen: »Unser täglich Brot gib uns heute ...«

Konfi-Text zum Vergebungsfenster

Jede Feier des Abendmahls bedeutet auch einen neuen Anfang. Gott schenkt uns seine Vergebung. Mit unseren eigenen Händen geben wir sie einander weiter. Auf dem sechsten Bild zum Vaterunser haben wir darum unsere Hände abgebildet.

Aber auch zwei Gesichter im Profil. Sie schauen sich an. Vergebung ist da möglich, wo Menschen sich wieder in die Augen schauen können. Darum bitten wir: »Und vergib uns unsere Schuld, wie auch wir vergeben unseren Schuldigern.«

Konfi-Text zum Schlangenfenster

Ein altes biblisches Bild für Versuchung ist die Schlange. Schon im Paradies bringt sie Adam und Eva dazu, Gottes Gebote zu übertreten. So wird sie auch in unserem siebten Bild sichtbar. Im übertragenen Sinne kann vieles zur Versuchung werden, die unsere Hände fesselt: Macht, Eitelkeit, Habgier, Rücksichtslosigkeit. Darum bitten wir: »Und führe uns nicht in Versuchung, ...«

Konfi-Text zum Erlösungsfenster

Wie eine dunkle, schwere Kette schließt sich der Kreis des Bösen. An einer Stelle aber wird er doch aufgebrochen. Rot, die Farbe der Liebe und Wärme, die Gott schenkt. Sie wird zur Kraft, mit der die Taube den Teufelskreis auflöst. So bitten wir mit unserem achten Fenster um Friede, Gerechtigkeit, Bewahrung der Schöpfung: »..., sondern erlöse uns von dem Bösen.«

Konfi-Text zum Hoffnungsfenster

Glaube ist niemals Stillstand, sondern immer Bewegung. Das kommt in unserem vorletzten Fenster zum Ausdruck. Mit dem Einladungsplakat zur ersten europäischen Versammlung der Christen, 1989 in Basel, haben wir dargestellt, worauf wir hoffen, wenn wir sagen: »Denn dein ist das Reich und die Kraft und die Herrlichkeit in Ewigkeit.«

Konfi-Text zum Amen-Fenster

In verschiedenen Sprachen und Schriften haben wir mit dem letzten

Wort des Vaterunsers auch das abschließende Fenster in unserer Bilder-reihe gestaltet. In seinem Lied dazu schreibt Martin Luther: »Amen, das ist: es werde wahr! / Stärk unsern Glauben immerdar, / auf dass wir ja nicht zweifeln dran, / was wir hiermit gebeten han. / Auf dein Wort in dem Namen dein; / So sprechen wir das Amen fein.

Zum Predigttext Mt 6,7-13:
»Es gibt Worte, die sind wie eine Herberge ...« (Jörg Zink, Wie wir beten können, S. 236) – ein Raum, in dem ich einkehren kann, mit allem, was mich bewegt und beschäftigt. Ein Raum zum Atemholen, ein Raum, in dem ich wieder in Ordnung kommen und neue Kraft schöpfen kann, um dann ermutigt weiter zu gehen. Solch eine Herberge kann das Vater-unser und der Glaube an Jesus Christus, der sich damit verbindet, für die Konfirmanden und alle, die ihm folgen, bleiben.
Unsere Bilder laden ein, sich im Kirchenraum zu bewegen. Man muss schon nach vorn kommen und sich umdrehen, um alle Darstellungen zu sehen! So umgeben sie uns und lassen etwas durchscheinen von der tröst-lichen und ermutigenden Geborgenheit, die dieses Grundgebet aller Christinnen und Christen nun schon bald 2000 Jahre lang vermittelt.

Anrufungs-Fenster

Vergebungs-Fenster

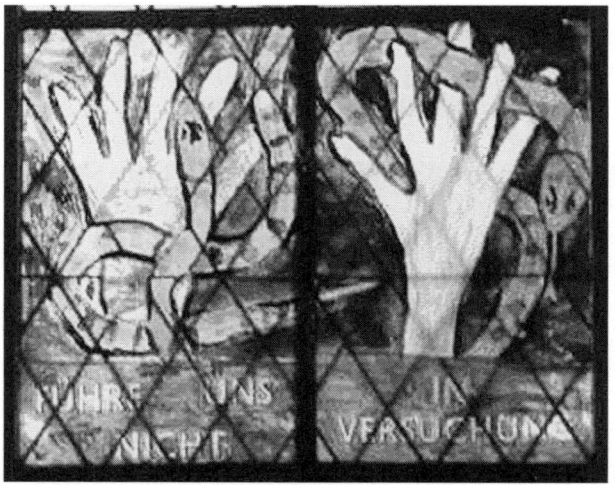

Schlangen-Fenster

Uns nach seinem Namen nennen … und hoffen auf ihn allezeit: Ein Namens- und Hoffnungsfenster

Biblisch-theologischer Kontext

Nachdem wir in unserer Kirche drei Fenster zum Credo in der Apsis und danach den Vaterunser-Fries fertig gestellt hatten, ergab sich für die nachfolgende Konfi-Gruppe – um der Symmetrie willen – die Möglichkeit, an unserem Wochenende zur Vorbereitung des Konfirmationsgottesdienstes gleich zwei einander gegenüberliegende Fenster zu gestalten. Die vom Vaterunser-Fries bereits oben in den Fenstern vorgegebenen Motive (»… geheiligt werde dein Name« und »… dein ist das Reich und die Kraft …«) nahmen wir auf, um ein »Namens-« und ein »Hoffnungsfenster« zu erarbeiten. Thematisch orientierten wir uns dabei an Lukas 10,20 und EG 369, 1.

Die meisten Konfirmanden wurden bald nach ihrer Geburt getauft und dabei wurde deutlich, dass ihre Namen nicht nur beim Standesamt in einer Geburtsurkunde eingetragen sind, sondern auch noch in einem ganz anderen Buch geschrieben stehen: dem »Buch des Lebens«, wie es in der Bibel genannt wird. Ein Buch, das immer wieder die Fantasie der Menschen beschäftigte, ein Buch, das auch immer ein wenig Angst auslösen konnte. Sollten da nicht, verbunden mit unseren Namen, alle guten, aber auch die schlechten Taten verzeichnet sein? Und am Ende dann die Abrechnung? Dagegen heißt es bei Lukas: »Freut euch, dass eure Namen im Himmel geschrieben stehen.« Freut euch, dass ihr mit euren Namen Gott bekannt seid und darum nie verlorengeht.

Ein »Buch des Lebens« ist da aufgeschlagen, nicht ein Buch des Todes. Dem Leben, wie es Gott geschaffen hat und auch weiterhin schaffen will, sind wir mit unseren Namen verpflichtet. Dem Leben zu dienen, das Leben zu bewahren und zu schützen, auch dazu werden Jugendliche im Konfirmationsgottesdienst gesegnet und gestärkt. Im Geschichtsunterricht in der Schule erscheinen oft nur die Jahreszahlen von Schlachten, Eroberungen und Kriegen bedeutsam. Aber daneben lässt sich eine ebenso lange Geschichte hoffnungsvoller Taten und hoffnungsvoller Menschen beschreiben. Roger Schutz, der Prior der ökumenischen Bruderschaft von Taizé, schrieb einmal: »In düsteren Zeiten war oft eine

Handvoll Menschen, die an verschiedenen Orten der Welt lebten, imstande, geschichtliche Entwicklungen umzukehren, weil sie hofften, wo es nichts mehr zu hoffen gab.«

Methodische Hinweise zur Herstellung der Fenster

Wie schon bei unserer Arbeit am Vaterunser begannen wir auch diesmal schon am Freitagabend nach einer Spiel- und Singrunde mit der thematischen Vorbereitung unserer Aufgabe. Eine Auswahl biblischer Leitgedanken wurde besprochen und mit einer möglichen Gestaltungsidee versehen (M 1 und M 2).

Dabei hatten wir bereits in der Freizeit-Vorbereitungsgruppe besondere Materialien hergestellt, die wir den Jugendlichen zur Verwendung anbieten konnten, vor allem Folien, auf die verschiedene grafische Elemente kopiert waren: Klingelschilder, Smileys, der Bildschirm eines Computers, Früchte und Blätter eines Feigenbaums usw. Die Konfirmanden nahmen diese Motive gerne auf und verbanden sie mit ihren eigenen Gestaltungsideen. So entstanden zwei Kirchenfenster, die beide eine überzeugende und klare Komposition darstellten. Die einzelnen Felder (bestehend aus zwei nebeneinander liegenden Plexiglasscheiben) wurden von je zwei Jugendlichen bemalt. So war es möglich, auch mit dieser relativ kleinen Gruppe von 14 Jungen und Mädchen unsere große Aufgabe zu bewältigen.

Am Ende, als die Flächen gut getrocknet waren, trugen alle ihre Namen in die vorbereiteten Klingelschilder ein und ebenso ihre persönliche Unterschrift im himmelblauen Fenster ganz oben.

M1

Biblische Leitgedanken zum »Namensfenster«

Bild 1: Gott sagte zu Abraham: »Ich will dich zum großen Volk machen und will dich segnen und dir einen großen Namen machen, und du sollst ein Segen sein; und in dir sollen gesegnet werden alle Geschlechter auf Erden.« (1 Mose 12,2)
Gestaltungsidee: Abraham und siebenarmiger Leuchter.

Bild 2: Im Auftrag Gottes sagte der Prophet Jesaja: »Ich habe dich bei deinem Namen gerufen; du bist mein!« (Jesaja 43, 1)
Gestaltungsidee: Klingelschilder.

Bild 3: Jesus sagte: »Wo zwei oder drei versammelt sind in meinem Namen, da bin ich mitten unter ihnen.« (Matthäus 18,20)
Gestaltungsidee: Smileys

Bild 4: (Bereits fertig) Aus dem Vaterunser: »Dein Name werde geheiligt.« (Matthäus 6,9)

Bild 5: Jesus sagte: »Freut euch, dass eure Namen im Himmel geschrieben sind.« (Lukas 10,20)
Gestaltungsidee: Regenbogen; Himmel; Unterschriften der Konfirmanden.

M2

Biblische Leitgedanken zum »Hoffnungsfenster«

Bild 1: Gott sprach zu Noah: »Solange die Erde steht, soll nicht aufhören Saat und Ernte, Frost und Hitze, Sommer und Winter, Tag und Nacht.« (1 Mose 8,22)
Gestaltungsidee: Vier Jahreszeiten-Baum; Sonne und Mond.

Bild 2: Im Namen Gottes sagte der Prophet Jeremia: »Wenn ihr mich anruft, will ich auf euch hören; wenn ihr mich sucht, sollt ihr mich finden.« (Jeremia 29,12)
Gestaltungsidee: Computer-Fenster (»Such-Maschine ...«) mit Bibeltext.

Bild 3: Jesus erzählte ein Gleichnis: »Er sagte ihnen aber dies Gleichnis: Es hatte einer einen Feigenbaum, der war gepflanzt in seinem Weinberg, und er kam und suchte Frucht darauf und fand keine. Da sprach er zu dem Weingärtner: Siehe, ich bin nun drei Jahre lang gekommen und habe keine Frucht gefunden an diesem Feigenbaum. So hau ihn ab! Was nimmt er dem Boden die Kraft?
Er aber antwortete und sprach zu ihm: Herr, lass ihn noch dies Jahr, bis ich um ihn grabe und ihn dünge; vielleicht bringt er doch noch Frucht; wenn aber nicht, so hau ihn ab.« (Lukas 13,6-9)
Gestaltungsidee: Feigenbaum mit Blättern und Früchten.

Bild 4: (Bereits fertig) Aus dem Vaterunser: »Dein ist das Reich und die Kraft und die Herrlichkeit in Ewigkeit.« (Matthäus 6,13)

Bild 5: Der Seher Johannes beschreibt im Buch der Offenbarung eine »neue Stadt«: »Ich sah die heilige Stadt, das neue Jerusalem, von Gott aus dem Himmel herabkommen, bereitet wie eine geschmückte Braut für ihren Mann.
Und ich hörte eine große Stimme von dem Thron her, die sprach: Siehe da, die Hütte Gottes bei den Menschen! Und er wird bei ihnen wohnen, und sie werden sein Volk sein, und er selbst, Gott mit ihnen, wird ihr Gott sein; und Gott wird abwischen alle Tränen von ihren Augen, und der Tod wird nicht mehr sein, noch Leid noch Geschrei noch Schmerz wird mehr sein; denn das Erste ist vergangen.
Und der auf dem Thron saß, sprach: Siehe, ich mache alles neu!« (Offenbarung 21,2-5)
Gestaltungsidee: Die goldene Stadt; Regenbogen.

Liturgische Bausteine

Lieder

EG 611 Freut euch, wir sind Gottes Volk
EG 577 Wo zwei oder drei
GK 19 Wenn einer alleine träumt
GK 98 Kommt und lasst uns ziehn
TG 17 Meine Hoffnung und meine Freude
TG 140 I am sure I shall see

Konfi-Text 1 zum Namensfenster

»Gott sagte zu Abraham: Ich will dir einen großen Namen machen und in dir sollen gesegnet werden alle Völker auf Erden.« (Gen 12,2) – Abraham ist wirklich zum Vater vieler Völker geworden, wie es sein Name sagt. Der siebenarmige Leuchter, die Menora, erinnert an das jüdische Haus Gottes in Jerusalem, den Tempel. Aber auf Abraham gründet sich – über den Juden Jesus aus Nazaret – auch das Christentum und der Islam geht ebenfalls zurück auf einen Sohn Abrahams: Ismael. So verbindet sein »großer Name« diese drei Religionen.

Gebet

Gott, du hast mit Abrahams Namen deinen Segen verbunden für viele Völker. Du weißt aber auch, wie viel Streit, Krieg und Misstrauen zwischen den Kindern Abrahams herrscht – bis heute.

Wir haben in der Konfirmandenzeit den Weg Jesu zum Glauben an dich kennengelernt. Wir haben gehört, wie Jesus deinen Frieden unter die Menschen getragen hat. Lass uns seinen Weg weitergehen, den Weg des Vertrauens zu dir, den alten Weg Abrahams.

Lass uns gestärkt und ermutigt durch diesen Gottesdienst mit deinem Segen den Weg ins Leben finden.
Herr, erbarme dich …

Ermutigung

Als Wort Gottes sagte der Prophet Jesaja: »Ich habe dich bei deinem Namen gerufen, du bist mein.« (Jes 43,1)

Konfi-Text 2 zum Namensfenster

Klingelschilder, wie bei großen Haussprechanlagen. Viele Namen. Jeder bezeichnet einen Menschen. Jeder von Gott zum Leben gerufen, unverwechselbar und ganz persönlich. So gehört jeder Mensch zu Gott und wir wohnen gemeinsam in seinem Lebenshaus.

Konfi-Text 3 zum Namensfenster

»Jesus sagte: Wo zwei oder drei versammelt sind in meinem Namen, da bin ich mitten unter ihnen.« (Mt 18,20) Auf dem äußeren Kreis steht der Name Jesu: unten sein Familienname in hebräischer Sprache, links davon sein Ehrenname (Kyrios) in griechischer Sprache und rechts oben, wie wir ihn nennen. In der Mitte haben wir jeweils zwei oder drei Gesichter angeordnet: fröhliche, gleichgültige und traurige Smileys. Ein violettes Kreuz dazwischen: Jesus mitten unter ihnen ...

Konfi-Text 4 zum Namensfenster

Über dem Bild aus der Vaterunser-Reihe, in dem Mose bei einem brennenden Dornbusch der Name Gottes – Jahwe – offenbart wird, haben wir ein Wort Jesu aus dem Lukasevangelium dargestellt. Jesus sagte: »Freut euch, dass eure Namen im Himmel geschrieben sind«. (Lukas 10,20) Wir haben einfach getan und abgebildet, was dieser Bibelvers beschreibt. In den blauen Himmel haben wir alle unsere Namen geschrieben. Darüber steht der Regenbogen, Zeichen der bleibenden Treue Gottes und seines Segens, wie er schon Noah nach der Sintflut am Himmel erscheint.

Konfi-Text 1 zum Hoffnungsfenster

Noah erhält von Gott die Zusage: »Solange die Erde steht, soll nicht aufhören Saat und Ernte, Frost und Hitze, Sommer und Winter, Tag und Nacht.« (1 Mose 8,22) Den hier genannten Lebensrhythmus haben wir mit einem Jahreszeitenbaum dargestellt. Er ist umgeben von Tag und Nacht, Sommer und Winter. Dies ist der natürliche, von Gott gegebene Rahmen unseres Lebens. So werden die Gaben der Schöpfung zum Zeichen für Gottes Nähe und Liebe.

Konfi-Text 2 zum Hoffnungsfenster

Auf dem Desktop eines Computers finden wir ein Wort des Propheten Jeremia geschrieben: »Gott sagt: Wenn ihr mich anruft, will ich auf euch hören. Wenn ihr mich sucht, sollt ihr mich finden.« (Jeremia 29,12 f.) Diese Zusage Gottes ist so konkret und selbstverständlich gemeint, wie wir heute ganz normal mit ›Anrufen‹ nicht nur per Telefon, sondern auch per Email umgehen. »Wenn ihr mich sucht ...« Im Dschungel des Internets gibt es große Suchmaschinen. Bei den Millionen Möglichkeiten, die da angeboten werden, wollten wir zeigen, dass es auch ohne technische Hilfsmittel möglich ist, nach Gott zu suchen und ihn zu finden mitten in unserem Leben.

Konfi-Text 3 zum Hoffnungsfenster

Eine der schönsten Hoffnungsgeschichten, die Jesus erzählt hat, ist das Gleichnis vom Feigenbaum bei Lukas im 13. Kapitel. Drei Jahre schon wartet der Besitzer eines Feigenbaumes auf Früchte. Danach gibt er die Hoffnung auf. Er weist den Gärtner an, den Baum umzuhauen, doch der antwortet: »Lass ihn noch ein Jahr stehen. Ich will mich noch einmal um ihn bemühen, den Boden lockern, düngen und pflegen – vielleicht bringt er doch noch Frucht!« Wir haben den Feigenbaum am Ende dieses einen Jahres gemalt: mit vielen reifen Früchten! Auf unserer Konfi-Freizeit haben wir dazu ein Lied kennengelernt:

»Unter einem Feigenbaum träumen wir den alten Traum –
auf dem Weg zur Einen Welt ruhen wir uns aus,
teilen wir das Brot und geben,
schöpfen wir die Kraft und leben.
Den Feigenbaum lass stehn
noch ein Jahr, wir werden sehn:
er trägt Frucht, es wird wahr,
wir werden sehn.«

Text: Hans-Jürgen Netz
Musik: Fritz Baltruweit

**Konfi-Text 4 zum Hoffnungs-
fenster**

Im letzten Buch der Bibel, im 21.
Kapitel der Offenbarung des Johannes, kommt die Hoffnung auf
eine neue Welt ohne Leid, ohne
Gewalt, Krieg und Tränen zum
Ausdruck. Da wird die neue
Stadt beschrieben, in der Gott bei
den Menschen wohnt. Johannes
schreibt: »Ich sah die heilige Stadt,
das neue Jerusalem, von Gott aus
dem Himmel herabkommen. Und
eine Stimme sprach: Siehe da die
Hütte Gottes bei den Menschen.«
Mit viel Fantasie und leuchtenden
Farben haben wir diese Stadt, ihre
ihre Tore, die Edelsteine, mit
denen die Mauer verziert ist, und
den Schutzengel gemalt.

Kontext zur Predigt (Lk 10,20)

Der Glaube, den ich am liebsten mag, sagt Gott, ist die Hoffnung.
Der Glaube wundert mich nicht. (...) Die Liebe, sagt Gott, das wundert
mich nicht. Da ist weiter nichts zum Verwundern.
So unglücklich sind diese armen Geschöpfe, dass, außer sie hätten ein stei-
nernes Herz, sie doch nichts anders könnten, als einander lieben. (...)
Aber die Hoffnung, sagt Gott, das verwundert mich wirklich. Mich selber. Das ist wirklich erstaunlich.
Dass diese armen Kinder sehen, wie das alles zugeht, und dass sie glauben, morgen gehe es besser. (...)
Das ist verwunderlich, und das ist entschieden das größte Wunder unserer Gnade. (...)
Diese kleine Hoffnung, die nach gar nichts aussieht. Dieses kleine Mägdlein Hoffnung. Unsterblich.

Charles Péguy

Selig seid ihr ...: Acht Fenster zu den Seligpreisungen

Biblisch-theologischer Kontext

Ganz einfache Leute stehen da um den Rabbi aus Nazaret versammelt:
Fischer, Handwerker, Schafhirten, Frauen und Männer ohne besondere
Bildung und Stellung in der Gesellschaft. Ihnen will er Gottes Liebe nahe-
bringen. Da spricht einer zu ihnen, der sehr wohl um »geistliche Armut«,
um Trauer und Not weiß, der den Hunger nach Gerechtigkeit kennt, wie
auch den Fluch der Gewalt. In seinem Leben, aufgewachsen in dem kleinen Dorf Nazaret, hatte er oft genug die Arroganz bestimmter frommer
Gruppen vor Augen, das Leiden der kleinen Leute, die von den Reichen
für ihren Luxus benutzt und ausgebeutet wurden. Und er kannte auch die
Gewalt der römischen Herrscher und ihrer Statthalter, die mit ihren Soldaten überall im Land Israel präsent waren.
So finden wir ihn hier auf »dem Berg« (Mt 5,1) umgeben von Menschen,
die ihr Vertrauen zu Gott und ins Leben fast schon aufgegeben hatten.
Sie will er trösten, ermutigen, stärken; ihnen gilt seine gute Nachricht –
das Evangelium.

Mit unserer Arbeit an den Seligpreisungen Jesu war es uns wichtig, nicht nur einen der bedeutendsten Texte aus dem Neuen Testament zu vermitteln, sondern den Konfirmanden auch Menschen nahezubringen, die in unserer Zeit mit ihrem Leben jene wegweisenden Sätze beispielhaft veranschaulicht haben. Die Beschäftigung mit der Biografie der ausgewählten Personen war für die Jugendlichen nicht immer einfach, aber die meisten konnten doch das besondere Profil dieser »Vorbilder« in einem Kurzbericht deutlich machen.

Es war erstaunlich und erfreulich, wie sich unsere Konfi-Gruppe auf diese Aufgabe einließ. Ein echtes Kontrastprogramm für Jugendliche, die in einer Gesellschaft aufwachsen, in der »Spaß haben« als eine der höchsten »Seligkeiten« gehandelt wird. Und so gesehen auch ein Versuch, die berechtigte Kritik von Marion Gräfin Dönhoff positiv aufzunehmen, die in »Zivilisiert den Kapitalismus« schrieb: »Niemand hat heute eine Vision. Niemand sagt, was werden soll und wo es langgeht. Das geistige Leben ist durch Ratlosigkeit und beklemmende Leere charakterisiert.«

Methodische Hinweise zur Herstellung der Fenster

Bereits zwei Wochen vor dieser Konfi-Freizeit hatten wir im Unterricht Zweier-Teams gebildet, die zu Hause mit eigenen Mitteln (Bücher, Lexika, Internet) einen Kurzbericht über eine der ausgewählten Personen vorbereiten sollten. Als erste Orientierung und Grundlage für die eigene Recherche diente eine von mir vorbereitete biografische Kurzfassung (M 1).

Zum Einstieg am Freitagabend unseres Wochenendes wurden zunächst die (auf DIN-A3 vergrößerten) Fotos unserer acht »Seligen« an einer großen Pinnwand (nummeriert, aber ohne Namen und weitere Angaben!) vorgestellt. Entsprechende Fotos sind leicht in hervorragender Qualität im Internet zu finden. Hilfreich ist es, die jeweiligen Fotos auch auf die Arbeitsblätter (M 1) mit den zugehörigen Texten abzudrucken. Die »Experten« zu den jeweiligen Personen waren zu strengem Stillschweigen verpflichtet. So konnten alle an dem kleinen »Who is who?«-Ratespiel teilnehmen (M 2).

Danach gaben die Konfi-Teams ihre vorbereiteten Berichte, mit denen

sie der Gruppe einen Eindruck vom Leben und Werk der vorzustellen-
den Person ermöglichten. Diese Berichte bildeten am Samstagmorgen
die Grundlage für ein Arbeitsblatt (M 3), das zur grafischen Gestaltung
unserer Fenster hinführte.

Nach einer Pause wurden in der zweiten Hälfte des Vormittags Skizzen
und Farbmuster angefertigt und die Gesamtgestaltung besprochen.

Für die Herstellung der Fenster-Bilder hatten wir die Fotos der ausgewählten Personen auf große DIN-A3-Folien kopiert. Ebenso die dazugehörige Seligpreisung. Die Folien wurden auf der Rückseite der Plexiglas-
Scheiben (mit Tesafilm) befestigt.

Danach war auf der Vorderseite vor allem der Rahmen mit den von den
Konfirmanden gefundenen Zeichen und Symbolen, wie zum Beispiel
Blumen, Schmetterlinge, weiße Rosen (Sophie Scholl), zu gestalten. Die
Gesamtkomposition ließ sich gut am Nachmittag bewältigen.

Nachdem die Farben getrocknet waren, wurden alle Bilder auf der Rückseite mit milchglasartiger Pergamentfolie überzogen und am Rand mit
Tesafilm gesichert, um so einen gleichmäßigen Lichteinfall zu gewährleisten.

In unserer Kirche wurden die acht Darstellungen einander gegenüber in
den noch freien Flächen unter dem Vaterunser-Fries angebracht.

Selig, die arm sind vor Gott; denn ihnen gehört das Himmelreich.
Frère Roger Schutz: Geboren 1915 in Genf, evangelischer Theologe.
1940 erster Aufenthalt in Taizé, einem kleinen Dorf in Burgund. Nimmt
dort Flüchtlinge auf. Nach dem Krieg – 1949 – gründet er dort zusammen mit sieben anderen Brüdern eine ökumenische Klostergemein-
schaft, deren Prior er viele Jahre war. Ab 1960 kommen immer mehr
Jugendliche aus der ganzen Welt, um am geistlichen Leben der Kloster-
gemeinschaft, vor allem an den täglichen Gebeten teilzunehmen. Dieser
»Pilgerweg der Hoffnung« führt bis heute jährlich fast 100 000 Jugendliche dorthin. Taizé: Sinnbild für die Versöhnung der getrennten Kir-
chen; Ermutigung für die Armen; Hoffnung für eine Kirche, die bereit
ist, mit einfachsten Mitteln das Evangelium zu leben und ein Gleichnis
des Miteinander-Teilens zu sein. In einem seiner Briefe schreibt Frère
Roger: »Je mehr die Kirche gastlich, offen und einfach lebt, desto näher
ist sie uns in unserer Zerbrechlichkeit.« 2005 stirbt Frère Roger in Taizé.

Selig die Trauernden; denn sie werden getröstet werden.
Mutter Teresa: Geboren 1910 in Skopje, Tochter albanischer Eltern. Entscheidet sich früh für ein Leben in der indischen Mission und legt 1931
ihr Gelübde als Loreto-Schwester ab. Nach ihrem Einsatz als Rektorin
der Loretoschule in Kalkutta tauscht sie 1948 die Ordenstracht mit dem
weißen Sari und arbeitet fortan nur noch in den Slums. Immer mehr
junge Frauen schließen sich dem Orden der »Missionarinnen der
Nächstenliebe« an. Inzwischen sind es etwa 4600 in über 100 Ländern.
Besonders in ihren Sterbehäusern fanden die Ärmsten der Armen Aufnahme und Begleitung. Im Alter von 87 Jahren ist Mutter Teresa gestorben. Bei der Entgegennahme des Friedensnobelpreises 1979 sagte sie:
»Unsere Armen sind großartige Leute. Sie brauchen nicht unser Mitleid,
sie brauchen unsere verstehende Liebe.«

Selig, die keine Gewalt anwenden; denn sie werden das Land erben.
Martin Luther King: Geboren 1929 in Atlanta im Staate Georgia/USA.
Studiert Theologie und wird 1954 Pfarrer der Baptistengemeinde in

Montgomery. Dort organisiert er den ersten Busboykott, um den Schwarzen die gleichen Rechte wie den Weißen zu erkämpfen. Damit kommt eine Bürgerrechtsbewegung in Gang, die bald alle Staaten der USA ergreift. Martin Luther King tritt dabei den brutalen Angriffen der Polizei mit konsequenter Gewaltlosigkeit entgegen. 1963 findet der »Marsch auf Washington« statt, dem Hunderttausende folgen. 1964 erhält King den Friedensnobelpreis. Ab diesem Jahr werden die Gesetze, durch die die Schwarzen diskriminiert wurden, zunehmend aufgehoben. Am 4. April 1968 wird Dr. Martin Luther King bei einer Bürgerrechtsversammlung in Memphis ermordet. Am Ende seiner berühmt gewordenen Rede beim Marsch auf Washington beschreibt er seine Hoffnung: »Ich habe einen Traum, dass eines Tages (...) die Söhne der früheren Sklavenhalter gemeinsam mit uns an dem Tisch der Brüderlichkeit sitzen können. (...) Ich habe einen Traum, dass meine vier kleinen Kinder eines Tages in einem Volk leben werden, in dem man sie nicht nach der Farbe ihrer Haut behandelt, sondern nach dem, was ihr Charakter aus ihnen macht. Das ist unsere Hoffnung.«

Selig, die hungern und dürsten nach der Gerechtigkeit; sie werden satt werden.
Rigoberta Menchú: Geboren 1959 in Guatemala. Sie gehört zum Stamm der Quiché-Indios. Schon als Kind erlebt sie die Unterdrückung der Indios durch die weißen Großgrundbesitzer. Die kleine, ungeheuer mutige Frau übernimmt schon in sehr jungen Jahren eine herausragende Rolle als Anwältin für die Rechte der einheimischen unterdrückten Landbevölkerung. Ihr Vater wird vom Militär umgebracht, ihre Mutter tagelang gefoltert, bis auch sie stirbt. Nachdem auch ihr jüngerer Bruder von den Militärs gemartert und getötet wurde, rettet sich Rigoberta Menchú nach Mexiko ins Exil. 1992 erhält sie den Friedensnobelpreis für ihren Kampf für soziale Gerechtigkeit und Versöhnung. Seitdem arbeitet sie wieder verstärkt mit den Campesinos, den Landarbeitern in ihrem Land. »Ich brauche viele Freunde – nicht die Sorte, die Beifall klatscht, sondern eine Sorte, die konkret Hilfe leistet«, sagte Rigoberta Menchú 1993 bei der Eröffnung der Brot-für-die-Welt-Sammlung.

Selig die Barmherzigen; denn sie werden Erbarmen finden.
Albert Schweitzer: Geboren 1875 in Kaysersberg im Elsass. Studiert Theologie, ab 1902 Privatdozent. 1905 bis 1913 Medizinstudium. 1912 Eheschließung mit Helene Breßlau. 1913 erste Reise nach Lambaréné. Gründung des Spitals am Ogowe-Fluss. Hier verbringt er die längste Zeit seines Lebens. Immer wieder kommt er nach Europa zu Vorträgen und als begabter Organist auch zu Orgelkonzerten. 1952 wird ihm der Friedensnobelpreis verliehen. 1965 stirbt Albert Schweitzer in Lambaréné.
»Das Spital«, so schreibt er einmal, »soll allem Leben, das in Not ist, helfen und damit zugleich ein Beispiel sein für alle Menschen, die – da, wo das Leben sie hingestellt hat – den Gedanken der Ehrfurcht vor dem Leben selber ausüben, indem sie nie ohne dringende Notwendigkeit anderes Leben vernichten, sondern stets allem Leben, ob Mensch oder Tier helfen, so gut sie können.«

Selig, die ein reines Herz haben; denn sie werden Gott schauen.
Sophie Scholl: Geboren 1921 in Forchtenberg am Kocher, kommt 1942 zum Studium nach München. Dort schließt sie sich einer Studentengruppe an, die sich um ihren Bruder Hans gebildet hat. Angesichts der Kriegserfahrungen verfassen und verteilen sie die Flugblätter der »Weißen Rose«, die zum Widerstand gegen die Nazi-Diktatur aufrufen. 1943 werden die Mitglieder der Weißen Rose verhaftet und zum Tode verurteilt. In ihrem Tagebuch schreibt Sophie Scholl: »Ich kann nicht verstehen, wie ›fromme‹ Leute fürchten um die Existenz Gottes, weil die Menschen seine Spuren mit Schwert und schändlichen Taten verfolgen. Als habe Gott nicht die Macht (ich spüre, wie alles in seiner Hand liegt). Fürchten bloß muss man um die Existenz der Menschen, weil sie sich von ihm abwenden, der ihr Leben ist.«

Selig, die Frieden stiften; denn sie werden Kinder Gottes genannt werden.
Johann Sebastian Bach: Geboren am 21. März 1685 in Eisenach. Seine wichtigsten Thüringer Wirkungsstätten sind Arnstadt, Weimar und Mühlhausen. Ab 1717 leitet er die Hofkapelle in Köthen, bevor er 1723 in Leipzig das Amt des Thomaskantors übernimmt. Seine erste Frau,

Maria Barbara, stirbt 1720 sehr plötzlich. Gut ein Jahr später heiratet er Anna Magdalena Wülken, mit der er elf Kinder bekommt. Im Mittelpunkt seines umfangreichen Werkes stehen die Orgelmusik und etwa 200 Kirchenkantaten, Oratorien und Messen. Ferner hinterlässt er zahlreiche Kompositionen für Orchester und Soloinstrumente. Ein wesentlicher Charakterzug Bachs war seine Bescheidenheit. Als ihn jemand wegen seines Orgelspiels lobt, sagt er: »Da ist eben nichts Bewunderungswürdiges. Man darf nur die rechten Tasten zur rechten Zeit treffen, so spielt das Instrument von selber.« Johann Sebastian Bach ist am 28. Juli 1750 in Leipzig gestorben. Seine Musik ist immer Verkündigung »soli deo gloria« (allein Gott zur Ehre).

Selig, die um der Gerechtigkeit willen verfolgt werden; denn ihnen gehört das Himmelreich.
Dietrich Bonhoeffer: Geboren 1906 in Breslau. 1933 Pfarrer der deutschen Gemeinde in London. 1935 Leiter des Predigerseminars der Bekennenden Kirche. 1936 Entziehung der Lehrbefugnis an der Universität. Ab 1940 Beteiligung in der Widerstandsgruppe gegen Hitler. 1943 Verhaftung und Gefängniszeit in Tegel. 1945 Verlegung nach Buchenwald. Am 9. April 1945 wird Dietrich Bonhoeffer im KZ Flossenbürg hingerichtet. In einem »Bekenntnis« schreibt Bonhoeffer, dass Gott uns in jeder Notlage soviel Widerstandskraft gebe, wie wir brauchen. Aber er gebe sie nicht im Voraus, damit wir uns nicht auf uns selbst, sondern auf ihn verlassen. In solchem Glauben müsste alle Angst vor der Zukunft überwunden sein.

Wer ist wer/Who is who?

Nummer	Name	Ergebnis richtig + falsch −
	Albert Schweitzer	
	Rigoberta Menchú	
	Sophie Scholl	
	Dietrich Bonhoeffer	
	Johann Sebastian Bach	
	Roger Schutz	
	Martin Luther King	
	Mutter Teresa	

M3 _____

Anregungen zum Kennenlernen der Person und ihrer Geschichte:

1. Schreibe wichtige Stationen des Lebensweges dieses Menschen auf.
2. Was charakterisiert diesen Menschen besonders?
3. Wie wirkt sein/ihr Gesicht auf dich?
4. Inwiefern passt der Text der Seligpreisung zu diesem Menschen und seinem/ihrem Leben?
5. Versuche ein Zeichen/Symbol zu finden, das zu seinem/ihrem Leben passt.
6. Wie sollte ein passender Rahmen um das Bild und die zugehörige Seligpreisung aussehen?
7. Fertige dazu eine/mehrere Skizzen an.

Liturgische Bausteine

Lieder

EG 65	Von guten Mächten
EG 181,6	Laudate omnes gentes
EG 307	Selig sind
EG 667	Selig seid ihr
GK 106	We shall overcome
TG 15	Ubi caritas

Hinführung zum Friedensgruß

Auf der Bachfeier 1950 in Hamburg sagte der Komponist Paul Hindemith: »Es ist dies das Wertvollste, was wir mit Bachs Musik geerbt haben: die Schau bis ans Ende der dem Menschen möglichen Vollkommenheit.« –

»Vollkommenheit«, so ließe sich auch das biblische Wort Schalom übersetzten. Das Gelingen des Lebens, Glück, Gesundheit, Frieden in Gerechtigkeit. Das alles dürfen wir uns wünschen, eingeladen zum Tisch Jesu Christi. Jede/jeder – verbunden mit einem Zeichen, einer Geste, einem guten Wort, so wie es ihnen möglich ist. Wünschen wir uns Frieden: Schalom.

Predigtkontext zu Mt 5,7+8

Eines der eindrücklichsten Fenster in unserer Gestaltung der Seligpreisungen ist wohl das mit dem Foto von Sophie Scholl. Kurz vor ihrer Hinrichtung wird den Eltern noch ein Besuch erlaubt. »Nun wirst du also nie mehr zur Türe hereinkommen«, sagt die Mutter. »Ach, die paar Jährchen, Mutter«, gibt sie zur Antwort. Als die Mutter ihr sagt: »Gelt, Sophie: Jesus«, kommt die Antwort: »Ja, aber du auch!«

Mit acht Bildern haben die Konfirmanden die Seligpreisungen Jesu gestaltet. Acht, das ist nach biblischem Verständnis die Zahl, die über unsere jetzige Zeit schon hinausweist in die jenseitige Welt, in die »letzte Wirklichkeit« (D. Bonhoeffer). Auf den Bildern sind immer wieder Schmetterlinge zu sehen. Sie sind mit ihrer Entwicklung von der Raupe zu dem herrlich farbigen, leicht beweglichen Falter seit alter Zeit Symbol für das sich verwandelnde Leben und so Zeichen der Auferstehung, Zeichen unserer Hoffnung.

| Installationen

Kirchenräume formen

»Auch Kirchengebäude verkündigen. Mit ihrer aufwärtsstrebenden Architektur, mit ihren zum Himmel weisenden Türmen, mit ihrem Bildschmuck – der für viele die eigene Lektüre der Bibel ersetzt hat und auch heute ersetzt – sind sie eine Predigt eigener Art. (…) Sie sind kein abgegrenzter »heiliger« Bereich; in diesem Sinn ist dem evangelischen Kirchenverständnis die Trennung von »sakralen« und »profanen« Räumen fremd. Aber es handelt sich um Räume, die in besonderer Weise zur Begegnung mit dem Heiligen, zu Meditation und Gebet, zum Hören und Bekennen einladen. In einer säkular gewordenen Gesellschaft gewinnen solche Räume an Bedeutung; ihr verkündigender Charakter findet neue Aufmerksamkeit.«

Wolfgang Huber

Die Auferstehungskirche in Freiburg stellt zweifellos einen Raum dar, der immer wieder »neue Aufmerksamkeit« findet. Zwölf Stahlbeton-Doppel-Stützen laufen in der Decke sternförmig auf den Schlussstein zu: Symbol für Christus und die von ihm ausgehende Bewegung von den zwölf Aposteln bis heute. Aufgrund des Zwölfeck-Grundrisses und entsprechender Bankanordnung können die Gottesdienstteilnehmer einander bewusst wahrnehmen. Das in den Raum fallende Licht wird gebrochen durch zwölf intensiv farbig gestaltete hohe Glasfenster. Ihre Farbgebung wechselt von dunklem Grün zu leuchtendem Gelb-Orange und warmem Rot und veranschaulicht so auf künstlerische Weise die Bedeutung dieser »Auferstehungskirche« – »eine Predigt eigener Art«. Nicht nur die prägende Zahl zwölf, auch die fast runde Form des Rau-

mes bedeutete für mich einen Rahmen, der in jedem Jahr von Neuem zu einer besonderen Gestaltung mit den Konfi-Gruppen einlud. Mit unseren jeweiligen Installationen blieben wir dem architektonischen, mehr noch aber dem theologisch-inhaltlichen Konzept auf der Spur. Im Kontrast zu dem grauen Beton wirkten unsere kreativen Installationen besonders lebendig und so mit ihrer Aussage dem Raum gemäß.

Der Respekt gegenüber der vorgegebenen Architektur bedeutete natürlich, dass auch diese Konfi-Projekte (wie die Wand- und Fensterbilder) nur eine beschränkte Zeit in der Kirche beherbergt wurden. Doch jedes Mal war es spannend zu sehen, wie die Arbeiten der Jugendlichen in einen Dialog mit den prägenden Elementen des Kirchenraumes eintraten. Insbesondere bei den begehbaren Installationen war dies überraschend festzustellen. Kirchenräume sind ja nicht als Museen gedacht, sondern wollen vom Leben berührt, mit Leben erfüllt und weiter geformt werden. Die jahrhundertlange Baugeschichte der großen Kathedralen belegt dies nicht anders als die viel einfacheren Beispiele, mit denen die Konfirmanden-Gruppen den Raum unserer Auferstehungskirche immer wieder verändert und persönlich gestaltet haben.

Technisch-organisatorische Hinweise

Über die bisher in diesem Buch beschriebenen Projekte hinaus bedeutet die Herstellung einer Installation eine weitere sehr lohnende Herausforderung für die Arbeit mit Jugendlichen. Zu den Bildern und Objekten kommt hier noch eine besondere Darstellungsform hinzu: Eine Bibel wird begehbar, Bild-Tafeln werden gewendet und verschieden komponiert, ein großes improvisiertes Zelt bewirkt ein neues Raumgefühl, Jakobsleitern öffnen sich vom Himmel herab – biblische Geschichten und Hoffnungen entfalten sich einladend und anschaulich im Kirchenraum.

Natürlich ist diese Arbeit aufwendiger und methodisch verzwickt. Aber der Weg von der Idee zur praktischen Umsetzung und schließlich zum fertigen Projekt ist sehr bereichernd. Die Zusammenarbeit von Freizeit-Team und Konfi-Gruppe ist erfrischend und das Echo der Konfi-Eltern und der Gemeinde so positiv, dass sich die Mühe mehrfach lohnt.

Planung

Wesentlich stärker als bei Wand- oder Kirchenfenstern ist es bei der Entwicklung von Installationen im Kirchenraum wichtig, die genauen Maße zu kennen, die den Raum definieren. Nicht nur, um die optische Wirkung richtig einschätzen zu können, sondern vor allem auch für die Material-Beschaffung. Um die Länge der Seile für unsere begehbare Bibel richtig zu bemessen, war es hilfreich, die Bau- und Grundrisspläne unserer Kirche in den Akten des Pfarrbüros zu finden. Die Höhe des Raumes brauchten wir, um die Jakobsleitern angemessen zu planen usw. – Manchmal weichen die alten Baupläne allerdings auch von dem realen Kirchenraum ab. Darum ist es sinnvoll – soweit möglich – mit dem eigenen Metermaß noch einmal nachzumessen! Nach der Entwicklung einer thematischen Idee und eines Entwurfes zur Umsetzung sind technische Fragen zu prüfen. Wo ist eine Aufhängung im Raum möglich? Wie muss eine große Strickleiter gebaut werden, um sich langsam von oben herab auffalten zu können? Wie lässt sich ein in drei Ebenen gebautes Altarbild so befestigen, dass es trotz seiner Größe leicht zu öffnen ist?

Zur Lösung war über gründliche Skizzen hinaus oft ein kleines Modell hilfreich, an dem solche Schwierigkeiten sofort sichtbar wurden und unterschiedliche Lösungen ausprobiert werden konnten.

Das Material

Für die Grundausstattung des Freizeitwochenendes und die Gestaltung der Bilder ist der auf Seite 19 f. und 28 beschriebene Bedarf ausreichend. Besondere Materialien werden in den folgenden Praxisbeispielen genannt. Zur Beschaffung von Stoffen, Seilen, Leisten, Holzstäben, Styropor-Platten usw. ist in der Regel das große Angebot im Internet bzw. bei einem örtlichen Baumarkt hilfreich.

Anfertigung der Installation

Während die inhaltliche Vorbereitung und grafische Gestaltung der Thematik wie gewohnt während des Konfi-Wochenendes geschah, bedeutete bei diesen Projekten die Aufhängung und Anbringung im Kirchenraum einen besonderen Arbeitsschritt. In der Regel waren dazu in Zusammenarbeit mit dem Hausmeister der Gemeinde zwei Nachmittage in der Woche vor der Konfirmation notwendig. Bei der Installation des »Heiligen Zeltes« und der »Jakobsleitern«, benötigten wir sogar eine hydraulische Hebebühne, um die Objekte sicher befestigen zu können. Da aber die Anmietung dieses Gerätes ohnehin notwendig war, um defekte Glühbirnen in den hoch unter der Kirchendecke angebrachten Lampen zu ersetzen, bedeutete diese Maßnahme keinen zusätzlichen Kostenfaktor. Außerdem kam uns eine großzügige Spende aus der Gemeinde für eine bessere Ausleuchtung der Liedtafeln zugute, die bei dieser Gelegenheit auch gleich mit erledigt werden konnte.

Ein wenig handwerkliches Geschick ist bei diesen Arbeiten natürlich vorteilhaft. Wo nötig helfen aber Gemeindemitglieder, die über entsprechende Erfahrung verfügen, gern mit, um die Objekte sicher im Kirchenraum zu montieren.

Installationen, wie sie mit den folgenden Praxisbeispielen vorgestellt werden, brauchen in jedem Fall auch etwas Mut, denn sie bedeuten natürlich eine starke Veränderung des gewohnten Kirchenraums. Darum ist vor allem darauf zu achten, dass die zur Aufhängung nötigen Dübel, Haken und Ösen nach Beendigung des Projekts leicht wieder entfernt werden können. Der Hinweis darauf ist nicht unwichtig gegenüber kritisch besorgten Anfragen. Darüber hinaus war in den Wochen und Monaten nach der Konfirmation ein Faltblatt hilfreich, das wir zur Erläuterung unseres Konfirmationsthemas und der dazu angefertigten Installation am Eingang für die Besucher unserer Kirche bereitlegten.

Praxisbeispiele zur Gestaltung einer Mobile-Bibel, eines Flügelaltars, eines heiligen Zelts und von Himmelsleitern

Suchen. Und Finden. Die Bibel. Das Leben: »Mobibel«

Biblisch-theologischer Kontext

Am Ende ihres bewegten, von Brüchen und Scheitern nicht verschonten, und doch so reichen Lebens hat Dorothee Sölle eine Autobiografie geschrieben:»Gegenwind«. Das letzte Kapitel trägt die Überschrift: »Vergesst das Beste nicht«. In einem dort wiedergegebenen Brief an ihre Kinder erinnert sie an ein Märchen. Da wird von einem armen Schäfer erzählt, der eines Tages von einem kleinen grauen Männchen weit fort an einen geheimnisvollen Berg geführt wird. »Der (…) öffnet sich, innen glänzen die herrlichsten Schätze, aber während der Schäfer sich noch die Taschen vollstopft, spricht eine Stimme: ›Vergiss das Beste nicht!‹ Und in der Sage schlägt die Tür hinter dem armen Schäfer donnernd zu, und die Schätze in seinen Taschen zerfallen zu Staub.« (Dorothee Sölle)

Auch für die Bibel gilt: »Vergesst das Beste nicht.« Diese gewaltige Sammlung menschlicher Erfahrungen ist viel zu wertvoll, um zwischen zwei Buchdeckeln zu verstauben. 1000 Jahre lang haben Menschen an diesem Buch und seinen vielen einzelnen Geschichten geschrieben. 1000 Jahre Leben mit Gott, vertrauensvoll und verzweifelnd, göttlich und so menschlich, voller Liebe, doch immer wieder durchbrochen auch von den dunklen Seiten unseres Lebens: Krankheit, Neid, Verletzungen, Hass, Gewalt und Krieg.

Zum »Jahr der Bibel 2003« haben wir mit den Konfirmanden versucht, auf verschiedenen Wegen Zugänge zur Bibel zu erschließen. Am Ende unserer gemeinsamen Suche nach einem den Jugendlichen entsprechenden und zeitgemäßen Weg, in Beziehung zu Gott zu leben, ihm zu vertrauen und zu glauben, haben die Konfirmanden eigene, zum Teil erstaunliche »Glaubenssätze« formuliert: »Mir haben die Gottesdienste und die Gespräche in der Konfi-Gruppe geholfen. – Ich habe einen neuen Weg betreten. Die Kirche nimmt dich an und du kannst dich selbst zum Glauben bekennen. Als Baby ging das ja noch nicht! – Die Kirche und die Bibel helfen mir, mich zu orientieren.« Zur Konfirmation haben wir diese Gedanken zur Bibel in anschaulicher Weise aufgenommen.

Herstellung der Installation

»Suchen. Und Finden. Die Bibel. Das Leben.« Das Motto, mit dem zu diesem »Jahr der Bibel« eingeladen wurde, nahmen wir als Anregung für unsere Bibel-Installation auf. Eine Bibelausgabe mit mehr als 600 Seiten in alter Frakturschrift, seit Langem verstaubt, unbeachtet, vergessen im Regal unseres Pfarrbüros, bot uns das »Material«, mit dem wir das Motto des Bibeljahres in unserer Auferstehungskirche lebendig machen wollten. Zur Vorbereitung auf unser Wochenende wurde die Bibel in einzelne Seiten und Bücher zerlegt und in je vier großen Abteilungen wieder zusammengetragen. Altes Testament: Thora/Fünf Bücher Mose; Geschichtsbücher; Poetische Bücher; Prophetische Bücher; Neues Testament: Evangelien; Apostelgeschichte; Briefe; Offenbarung. Für die spätere Aufhängung wurde jede Seite am oberen Rand mit einer vierfachen Lochung versehen.

Im Konfi-Unterricht hatten wir in einem »Crash-Kurs Bibel« in zwei Doppelstunden den Aufbau und die wesentlichen Merkmale der einzelnen Bücher und Schriften der Bibel bereits kennengelernt. Im ersten Arbeitsgang am Freitagabend unseres Wochenendes konnten wir daran anknüpfen. Nach einer Einführung in die Idee unserer Installation bildeten wir, den großen Rubriken der Bibel-Bücher entsprechend, acht Arbeitsgruppen. Über den Bibeltext hinaus gab ein erstes Arbeitsblatt (M 1) Anregungen zur eigenen kreativen Beschäftigung mit den Texten und Geschichten.

Neben der Möglichkeit, ein eigenes Bild oder eine Grafik zu einem Bibelvers zu gestalten, gab es eine große Auswahl an Zeitschriften, mit denen auch Collagen angefertigt werden konnten. Dabei war es wichtig, die dazugehörige Bibelstelle auf dem Blatt zu notieren, damit das Bild auch in der Installation dem entsprechenden Text zugeordnet werden konnte. Diese Arbeit, auf die sich die Jugendlichen mit großem Eifer einließen, wurde am Samstagmorgen fertiggestellt. So hatten wir am Nachmittag

Gott ist die Liebe, und wer in der Liebe bleibt, *r bleibt in* ott und Sott in ihm!

ausreichend Zeit, um die verschiedenen Seiten wie ein Mobile miteinander zu verbinden (M 2). In die Lochung jeder Seite wurde ein dünner (Schaschlik-)Stab eingezogen, an dem dann der Bindfaden zur Aufhängung verknotet wurde. Je vier bis fünf Blätter wurden so miteinander verbunden. Am oberen Ende der Schnur wurde ein farbiges Blatt aus dem Regenbogenspektrum eingeknüpft. So war die große Einteilung der biblischen Bücher dem Regenbogen folgend gut zu erkennen. Mit einem vorher aus Draht gebogenen Haken am oberen Ende der Schnüre konnte das Ganze einfach an die in der Kirche diagonal gespannten Seile gehängt werden. Die Mitte, die sich durch die Anordnung der Seile als großer Stern ergab, wollten wir mit den Segenssprüchen der Konfirmanden, einem Foto und einigen der von den Jugendlichen formulierten »Glaubenssätze« gestalten.

Der Transport der fertigen Arbeiten bedeutete eine besondere logistische Aufgabe, denn es durfte ja nichts durcheinandergeraten. Wir lösten diese Aufgabe mit einem alten Garderobenständer, der genügend Haken hatte, und aufrecht stehend in unseren Kleinbus hineinpasste.

An zwei Nachmittagen wurde das Mobile in der Kirche aufgehängt. Der Hausmeister hatte an den acht doppelt stehenden Betonpfeilern bereits feste Ösen eingedübelt, in die wir die ca. 20 Meter langen Seile quer durch den Kirchenraum spannen konnten. Jedes Seilende wurde mit einem Expandergummi verknüpft, das das Seil auch bei wechselnder Raumtemperatur und Luftfeuchtigkeit (Sommer!) immer straff hielt. Über den Stern in der Mitte legten wir große Pergamentbögen, die miteinander verklebt an den Rändern mit den Seilen verbunden wurden.

So wurde es möglich, sich buchstäblich in der Bibel zu bewegen, umherzugehen, zu schauen, zu lesen … – »Suchen. Und Finden«. Man konnte durch die lange Reihe der Geschichtsbücher wandern, bei Jesaja oder Matthäus Platz nehmen, in der Apostelgeschichte einkehren … An manchen Stellen hing die Bibelinstallation auch ein wenig störend im Weg – ein nicht ganz unbeabsichtigter Effekt! In den Kirchenbänken sitzend aber blieben Liturgen und Prediger am Altar und der Kanzel gut sichtbar. Schön war auch die ständige leichte Bewegung bei jedem Lufthauch in unserem biblischen Blätterwald kurz »Mobibel« genannt.

Besondere Materialien

- Seile (Hanf oder Sisal) in einer dem Raum entsprechenden Länge
- Expanderschnüre (Gepäckgummispinne)
- 5 Rollen dünner Bindfaden (je 50 Meter)
- 2 Rollen dünner Gartendraht (insgesamt ca. 50 Meter)
- 1 Rolle möglichst breites Pergamentpapier
- ca. 200 Blatt farbiges Papier in Regenbogenfarben
- ca. 600 Schaschlikstäbe
- Viele gut bebilderte Zeitschriften

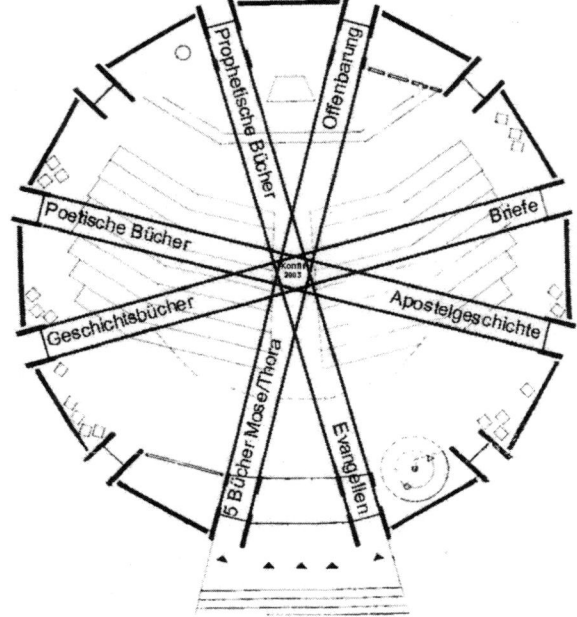

Bildet acht Teams und bearbeitet die folgenden Aufgaben:

Altes Testament
1. Fünf Bücher Mose (Thora)
2. Geschichtsbücher (Josua, Richter, Samuel, Könige, Chronik, Esra, Nehemia, Ester)
3. Poetische Bücher (Hiob, Psalmen, Sprüche Salomonis, Prediger, das Hohelied)
4. Prophetische Bücher und Apokryphen (Jesaja, Jeremia, Hesekiel, Daniel, ›Kleine Prophetenbücher‹, Judith, Makkabäer, u. a.)

Neues Testament
5. Evangelien (Markus, Matthäus, Lukas, Johannes)
6. Apostelgeschichte
7. Briefe (Römer, Korinther, Galater, Epheser, Philipper, Kolosser, Thessalonicher, Timotheus, Titus, Philemon, Petrus, Johannes, Hebräer, Jakobus, Judas)
8. Offenbarung

Aufgabe 1
Verschaffe dir einen Überblick über die ausgewählten Bücher:
• Umfang/Wie viele Bücher/Wie viele Kapitel?
• Themen?
• Besondere Geschichten und Ereignisse?
• Verfasser?
• Besondere Figuren?

Aufgabe 2
• Suche dir 3 bis 5 Bibelstellen, die du besonders wichtig findest.
• Schreibe sie ab.
• Stellt diese Worte einander vor und begründet eure Auswahl.

Aufgabe 3

- Gestalte diese Worte grafisch. Je eines auf einem DIN-A4-Blatt. Bei einem längeren Zitat über 2 bis 3 Blätter verteilt.
- Fertige eine Skizze an.
- Schreibe mit Bleistift die Bibelstelle auf dein Textblatt, damit es später am richtigen Platz eingeordnet werden kann!

Aufgabe 4

- Finde ein zu deinen ausgewählten (oder auch zu anderen) Bibelworten passendes Bild / Foto / Grafik / Zeitung.
- Klebe das Bild auf ein DIN-A4-Blatt oder ein größeres Bild auf mehrere DIN-A4-Blätter verteilt.
- Schreibe mit Bleistift die Bibelstelle auf dein Bildblatt, damit es später am richtigen Platz eingeordnet werden kann!

M2

Gestaltung der »begehbaren Bibel«

Aufgabe 1

Gestaltung eines größeren Titelbildes (DIN A3) für die von eurer Gruppe bearbeiteten Bücher.

Aufgabe 2

In alle Bibelblätter, in die selbstgestalteten Text- und Bildblätter und die farbigen Blätter (oben), einen kleinen Befestigungsstab einziehen.

Aufgabe 3

Die einzelnen Blätter in der richtigen Reihenfolge mit einem Bindfaden verbinden (maximal 4 bis 5). Oben zur Befestigung am Seil einen Drahthaken biegen und mit dem Bindfaden verknoten.

Aufgabe 4

Alle fertigen Mobiles hintereinander auf die Transportstange hängen.

Aufgabe 5

Wie gestalten wir die Mitte? Stern? Konfirmandensprüche? Konfi-Fotos? Mein liebster Bibelvers?

Liturgische Bausteine

Lieder

EG 455 Morgenlicht leuchtet
EG 610 Herr, wir bitten, komm und segne uns
GK 9 Fürchte dich nicht (EG 643)
GK 98 Kommt und lasst uns ziehn
TG 5 Bless the Lord, my soul
TG 150 Behüte mich Gott

Worte zum Beginn

Johannes 1,1 und 4; 5,24; Jesaja 65,1; Jeremia 29,13

Zur Meditation

Es gibt Menschen, die die Bibel nicht brauchen.
Ich gehöre nicht zu ihnen. Ich habe die Bibel nötig.
Ich brauche sie, um zu verstehen, woher ich komme.
Ich brauche sie, um in dieser Welt einen festen Boden unter den Füßen
und einen Halt zu haben.
Ich brauche sie, um zu wissen,
dass einer über mir ist und mir etwas zu sagen hat.
Ich brauche sie, weil ich gemerkt habe,
dass wir Menschen in den entscheidenden Augenblicken
füreinander keinen Trost haben
und dass auch mein eigenes Herz nur dort Trost findet.
Ich brauche sie, um zu wissen, wohin die Reise mit mir gehen soll.

Jörg Zink, Theologe und Schriftsteller unserer Zeit

Die Bibel ist wie ein Strom, der so flach ist, dass ein Lamm daraus trinken kann, und so tief, dass ein Elefant darin baden kann.

Gregor I. der Große, Papst im 6. Jahrhundert

Bertolt Brecht, nach seinem Lieblingsbuch gefragt, antwortete:
»Sie werden lachen – die Bibel.«

Bertolt Brecht, deutscher Schriftsteller und Regisseur, 1898–1956

Gebete

Gott,

jetzt feiern wir unsere Konfirmation.

Du hast unser Suchen und Finden bis zum heutigen Tag begleitet. So sind wir der Bibel begegnet und dem Leben.

Wir haben aber auch erfahren,

wie wenig selbstverständlich es heute geworden ist,

an dich zu glauben und in der Kirche dabei zu sein.

Vieles scheint nur schwer zu unserem sonstigen Leben zu passen. Wir haben aber unsere ersten Erfahrungen miteinander besprochen und sind eigene Schritte zum Glauben gegangen.

Für unseren weiteren Weg wollen wir uns heute stärken lassen.

Sei du mitten unter uns.

Lass uns spüren, wie du da bist in den Geschichten und Zeugnissen der Bibel und in den Menschen, die heute mit uns gehen und leben.

Gott,
unser Leben lang bleiben wir auf der Suche:
nach sinnvollen Zielen,
nach Menschen, die uns begleiten,
nach einem lohnenden Leben.
Lass uns in den Geschichten und Texten der Bibel Halt
und Wegweisung finden und darauf vertrauen,
dass du da bist, auch in unserem Leben.
Umgib uns mit deinem Segen.
Lass uns deine Spuren suchen in unserer Welt. Und lass uns finden:
deine Liebe, Frieden und Gerechtigkeit für alle Menschen.

Predigt-Gedanken zu Matthäus 7,7

»Suchen. Und Finden. Die Bibel. Das Leben.« Da sitzen die Konfirmanden zwischen den alten prophetischen Büchern und den geheimnisvollen Visionen der Offenbarung, zwischen Vergangenheit und Zukunft.

Natürlicherweise gehen die Gedanken von Eltern, Großeltern und Paten an diesem Tag nicht nur zurück, sondern greifen auch voraus in die kommenden Jahre. Wie werden die Wege weitergehen? Zunächst noch Schule. Dann Ausbildung und Beruf. Eine eigene Familie? So viele Hoffnungen, aber auch soviel Unsicherheit damit verbunden, privat und gesellschaftlich gesehen. »Vergesst das Beste nicht« (s. o.): Für unser Leben im Suchen und Finden mit der Bibel ist das die tiefe Zuversicht, die Gott selbst da noch Wege zutraut, wo wir an unsere Grenzen kommen.

Glauben entfalten: Ein fünffacher Flügelaltar

Biblisch-theologischer Kontext

»Das Gespräch schleppt sich hin. Zäh. Manche der Jugendlichen, die in einer Gruppe zusammensitzen, sind unruhig, andere kichern. Verlegen. Irgendwie peinlich ist es. Sie sollen über Religion diskutieren. Schließlich sagt einer: ›An Gott glauben – das ist doch was für Kinder.‹ Beifälliges Nicken, Zustimmung: Religion ist höchstens was für Weicheier. Bis ein 17-Jähriger plötzlich meint: mit Gott, mit dem habe er nicht viel am Hut. – ›Aber manchmal bete ich‹, sagt er in die Runde. Stille. Bis die Fragen beginnen: ›Du betest?‹ Abwertende Bemerkungen: ›Beten? Glauben? So ein Quatsch.‹

Doch er lässt sich nicht irritieren. Erzählt, wie er das macht: Dass er abends Kerzen anzündet und das Licht ausschaltet. Eine Decke auf dem Boden ausbreitet. Beschreibt die Atmosphäre, geprägt von Stille und Konzentration. Je mehr er erzählt, desto interessierter werden die anderen, hören zu, fragen nach. Aus einem erst so stockenden Gespräch wird doch noch ein sehr lebendiges.«

Diesen Text fand ich in einem Zeitungsartikel etwa drei Monate vor unserer Konfirmation. Er wurde zum Motiv für ein fünffach zu entfaltendes Altarbild zu diesem Thema.

Als Vorbereitung für unser Konfi-Wochenende hatten die Konfirmanden aufgeschrieben, was der Glaube für sie bedeutet:

- Glauben bedeutet für mich, beten zu können, z. B. für Kranke.
- Glauben, das ist eine Verbindung zwischen mir und Gott.
- Ich habe keine Probleme mit meinem Glauben.

- Mir hilft es, wenn ich in die Kirche gehe und sehe, wie andere Leute auch glauben.
- Ich finde, dass man sich mit seinem Glauben besser fühlt und besser durchs Leben kommt.
- Ich glaube an etwas Mächtigeres als die Erdbevölkerung und das muss Gott sein.

Da haben Jugendliche gespürt, was Religion und Glaube bedeuten können und wesentlich machen für unser Leben angesichts so vieler Zweifel, die auch ihnen schon begegnet sind. Ich denke, es ist kein Zufall, dass gleich im ersten Buch der Bibel, nach den Erzählungen vom Paradies, auch von der Macht des Bösen zu lesen ist. So stark, dass es Gott sogar reut, die Menschen geschaffen zu haben. Die uralte Sintflutgeschichte, in der alles Leben untergeht, hält diese Erinnerung an menschliche Verantwortungslosigkeit und ihre Gottvergessenheit wach. Und da ist am Ende doch wieder ein neuer Anfang, den Gott schenkt, eine neue, unverbrüchliche Beziehung zu Gott: »Solange die Erde steht, soll nicht aufhören Saat und Ernte, Frost und Hitze, Sommer und Winter, Tag und Nacht. Meinen Bogen habe ich in die Wolken gesetzt; der soll das Zeichen sein des Bundes zwischen mir und der Erde.« (1. Mose 8,22)

Solange die Erde steht, soll die Hoffnung lebendig bleiben, die ein Halt ist – auch in stärkster Bedrohung.

Solange die Erde steht, soll die Liebe nicht zerstört werden, die wie ein Band ist zwischen allen Geschöpfen Gottes, den Menschen, den Pflanzen und den Tieren.

Solange die Erde steht, soll es Menschen geben wie Noah, die im Vertrauen zu Gott Raum schaffen für das Leben.

Solange die Erde steht, soll es Menschen geben wie Jesus, der selber wie eine Arche war, indem er anderen Geborgenheit schenkte, Mut zum Überleben, Kraft zu einem neuen Anfang und einen Weg, dem Leben zu trauen, grenzenlos, über den Tod hinaus.

Solange die Erde steht, soll der Regenbogen leuchten als Zeichen der Hoffnung und Ermutigung für alle Menschen, denen Gott das Leben anvertraut hat.

Methodische Hinweise

In unseren vorbereitenden Gesprächen im Konfi-Team hatten wir drei Ebenen entwickelt, die wir mit den Jugendlichen gestalten wollten:
A) Verdeckter Glaube/Fragen zum Kreuz bringen
B) Vertrauender Glaube/Danken für unser Leben
C) Versammelter Glaube/Gottes Segen zum Leuchten bringen

Für A) konnten wir auf die Herstellung eines früheren Wandbildes zurückgreifen (»Graskreuz«, vgl. ab S. 64). Für B) wollten wir mit den Jugendlichen Bilder entwerfen, die Vertrauen begründen und veranschaulichen können. Ausgehend von der Noah-Verheißung sollten sie umgeben werden mit einem großen Regenbogen. Für C) sollten verschiedene Aspekte des Glaubens mit einem großen Transparentbild »zum Leuchten« gebracht werden.

Herstellung der Installation

Die Vorbereitung dieses vielschichtigen Flügelaltars bedurfte einer exakten Planung, damit auch alle 25 Jugendlichen beteiligt werden konnten. Die Größe des festen Rahmens (Ebene C, Versammelter Glaube) wurde mit 2 × 2 m bestimmt und aus 2 × 4 cm starken, gehobelten Dachlatten hergestellt. Dieser Rahmen wurde innen mit zwölf Fächern diagonal aufgeteilt, die sich in der Mitte an einer größeren runden Öffnung trafen. Dafür hatten wir aus dickerem Sperrholz einen Kranz ausgesägt:
innen ⌀ 50 cm, außen ⌀ 54 cm.
Entsprechend ergaben sich daraus die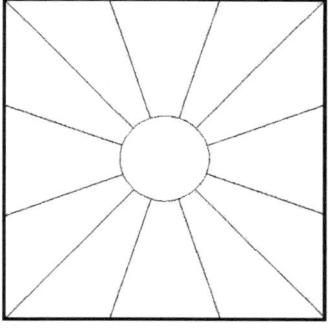
Maße für jeden der vier Flügel mit 2 × 1 m, sodass je zwei genau die Grundfläche abdeckten.
Die ausklappbaren Innen- und Außenflächen sollten mit Dispersionsfarben – wie bei den früheren Wandbildern – gestaltet werden. Den unteren, großen, festen Rahmen wollten wir als zwölfteiliges Transparent mit einer besonderen Mitte anfertigen. Dazu übertrugen wir die

12 Segmente auf schwarzen Fotokarton, der dann den Einfällen und Motiven der Konfirmanden entsprechend ausgeschnitten und mit farbigem Transparentpapier hinterlegt wurde.

Am Freitagabend unseres Wochenendes bearbeiteten zunächst alle Jugendlichen ein Arbeitsblatt (M 1) mit Fragen, die zu unserem Thema hinführten. Dazu wurde auch das Material in unserem Konfi-Kursbuch (Patmos Verlag, Düsseldorf 2005) ab S. 141 verwendet. Die Ergebnisse wurden abschließend vorgestellt und besprochen. Sie bildeten die Grundlage für unsere weiterführenden Arbeiten am nächsten Tag. Am Samstagmorgen teilten wir uns in vier Arbeitsgruppen:

– Gruppe 1 bereitete die Gestaltung der grauen Außenflächen und des Graskreuzes für die oberste Ebene (A) vor.

– Gruppe 2 plante Bilder, Symbole und Zeichen für die zwei Außenflächen der mittleren Ebene (B): Was Glaube lebendig macht/Lebenszeichen/Taufe/ Kerze/Wofür bist du dankbar …

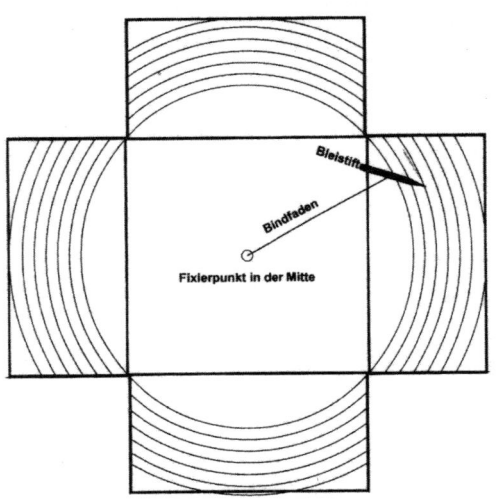

– Gruppe 3 skizzierte Aufteilung und Farbgebung der vier Regenbogenfelder auf den vorbereiteten (2 × 1 m) großen Papierbögen. Um die sieben konzentrischen Kreise gleichmäßig auf allen vier Feldern vorzuzeichnen, hatten wir sie um die freie Fläche für das untere Bild (2 × 2 m) auf den Boden gelegt und mit Tesakrepp befestigt. Im Mittelpunkt fixierten wir mit einer Reißzwecke einen Bindfaden. An dessen Außenende wurde ein Bleistift geknotet, mit dem wir dann im Abstand von je 12 cm von außen beginnend die konzentrischen Kreise für die Regenbogenfarben vorzeichnen konnten.

– Gruppe 4 entwickelte für das große Transparent der untersten Ebene verschiedene Symbole und Zeichen, um »Gottes Segen zum Leuchten zu bringen« und um zu zeigen, »was Glaube bewirkt«.

Alle vier Gruppen fanden ihre Arbeitsaufträge auf einem zweiten Anleitungsblatt (M 2). Damit war der Vormittag gut ausgefüllt und alle waren auf die praktische Umsetzung am Nachmittag gespannt.

Nachdem der große Tagungsraum für die Arbeit mit den Dispersionsfarben vorbereitet war (vgl. ab S. 26), arbeiteten dort die Gruppen 1 bis 3 parallel. Die vierte Gruppe hatte einen eigenen Raum, in dem sie ohne zu große Unruhe die Transparente herstellen konnte. Für die Mitte schnitten wir 25 Kreise aus, um dort für jeden Jugendlichen unserer Konfi-Gruppe ein Foto auf einer Transparentfolie ausgedruckt einzukleben. Sie wurden umgeben mit zwölf thematischen Segmenten: Gemeinschaft/Trost und Ruhe/Veränderung/Bewegung/ Vertrauen/Stille/Liebe/ Freude/Licht im Dunkel/Ordnung/Frieden/ Hoffnung. Zu jedem Stichwort hatten die Jugendlichen fantasievolle Motive entwickelt, die, mit Transparentpapier gestaltet, auf dem schwarzen Fotokarton festgeklebt wurden. Auf den vom Hausmeister fertiggestellten Rahmen befestigten wir dann unsere Darstellungen ringsum mit Heftklammern. Die Bilder für die ersten beiden Ebenen A und B wurden auf der Rückseite jeweils mit einem der Regenbogen zusammengeklammert, sodass diese erst nach dem Aufklappen sichtbar wurden. Das große Transparent, Ebene C, mit den 25 Porträtfotos der Konfirmanden hinterlegten wir mit Pergamentbögen, um eine gleichmäßige Verteilung des Lichts dahinter zu gewährleisten. Schließlich wurden die fertigen Rahmen mit den Scharnieren verbunden.

In der Kirche wurde das Altarbild oben und unten auf zwei starken Vierkanthölzern festgeschraubt, die wir über dem Altar zwischen zwei Betonpfeilern mit Winkeleisen und Dübeln/Schrauben befestigt hatten. Hoch darüber wurden vier Ösen angebracht, durch die wir starke Perlonschnüre führten, mit denen die Flügel des mittleren Bildes nach oben geöffnet bzw. nach unten herabgelassen werden konnten.

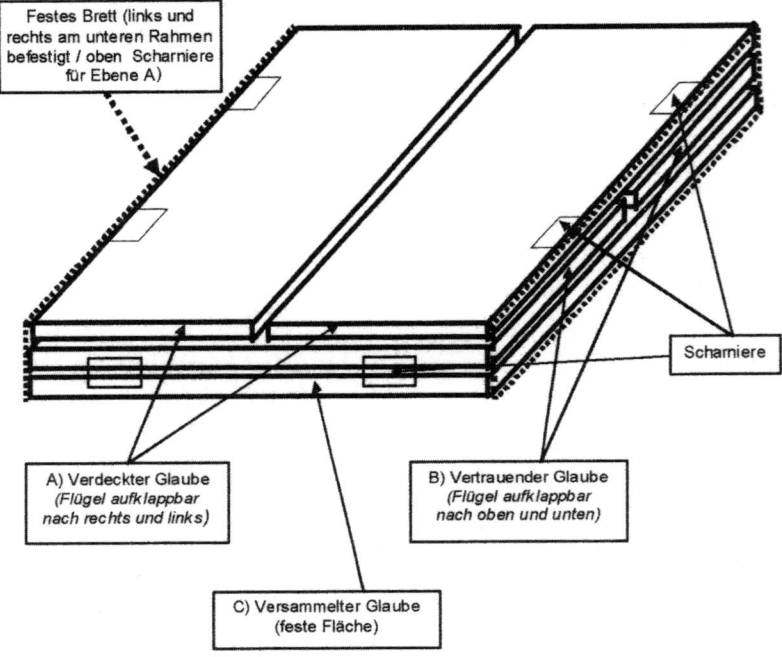

Festes Brett (links und rechts am unteren Rahmen befestigt / oben Scharniere für Ebene A)

Scharniere

A) Verdeckter Glaube
(Flügel aufklappbar nach rechts und links)

B) Vertrauender Glaube
(Flügel aufklappbar nach oben und unten)

C) Versammelter Glaube
(feste Fläche)

Besondere Materialien

- Bei einer Grundfläche von 2×2 m: ca. 50 m gehobelte Dachlatten.
- Für die Mitte eine Sperrholzplatte, ca. 2 cm stark, 55×55 cm zum Ausschneiden des Kreises.
- Schwarzer Fotokarton für ca. 4 m^2 Fläche.
- Transparentpapier, je drei Bögen in möglichst vielen Farben.
- Pergamentpapier-Rolle ausreichend für ca. 4 m^2.
- Acht Scharniere.
- Starke Perlonschnur (ca. 80 m) zum Öffnen (Hochziehen bzw. Herablassen) der Flügel der mittleren Ebene.

M1 _____

Fragen zur Vorbereitung:
- Was begründet den (deinen) Glauben?
- Wofür bist du dankbar?
- Wodurch wird Glaube lebendig?
- Welche Erfahrungen hast du mit dem Glauben gemacht?
- Was macht es dir schwer zu glauben?
- Welche Hindernisse kennst du?
- Was bedeutet für dich Glauben?
- Welche Hoffnungen verbindest du damit?
- Was bewirkt der Glaube?

M2 _____

Aufträge für die Gruppenarbeit

Gruppe 1:
1) Schreibt noch einmal alles zusammen, was
   - Glauben erschwert,
   - Glauben grau und dunkel macht,
   - Gottes Liebe in Frage stellt.
2) Fertigt die grauen Flächen an.
3) Schneidet die Gras- (oder Blüten-)Blätter für das Kreuz aus.
4) Wenn die grauen Flächen trocken sind: Schreibt die Fragen, Klagen, dunklen Erfahrungen auf.

Gruppe 2: Malt die vier großen Regenbogenfelder.

Gruppe 3: Entwerft und gestaltet das mittlere Bild zunächst auf DIN-A4-Blättern, anschließend übertragt ihr es auf die Originalflächen.
- Was macht Glauben lebendig?
- Lebenszeichen: Taufe/Wasser/Kerze/Namen und Taufdaten.
- Wofür bist du dankbar?

Gruppe 4: Sichtet die Ergebnisse vom Freitagabend. Entwickelt dazu Motive, die sich mit einem Transparent darstellen lassen.

- Fertigt erste Entwürfe im DIN-A4-Format an; Überlegt Größe, Darstellung und Farbgebung.
- Übertragt sie auf die vorgefertigten Pappsegmente.
- Schneidet sie aus und gestaltet sie mit Transparentpapier.
- Zeichnet die Kreise in der Mitte für die Konfi-Porträts auf und schneidet sie aus.

Liturgische Bausteine

Lieder

EG 181,6	Laudate omnes gentes
EG 182	Suchet zuerst
GK 27	Schenk uns Weisheit
GK 97	Ins Wasser fällt ein Stein
TG 18	Confitemini domino
TG 50	Nada te turbe

Konfi-Text zu Bild A) Verdeckter Glaube/Fragen zum Kreuz bringen

Wir sind dankbar an diesem Tag für alles Gute, was wir bis hierher erfahren haben: Unser Leben, als das kostbarste Geschenk von allem. Menschen, die uns begleitet haben, Eltern, Verwandte, unsere Paten und Freunde. Wir sind dankbar für Gesundheit und Ausbildung. Wir sind dankbar für den Frieden, in dem wir hier aufwachsen. Wir kennen aber auch so viel, was unser Leben und unseren Glauben überschattet. Dazu haben wir – zum heutigen Konfirmationsgottesdienst – ein Altarbild gemalt: Vier graue Flä-

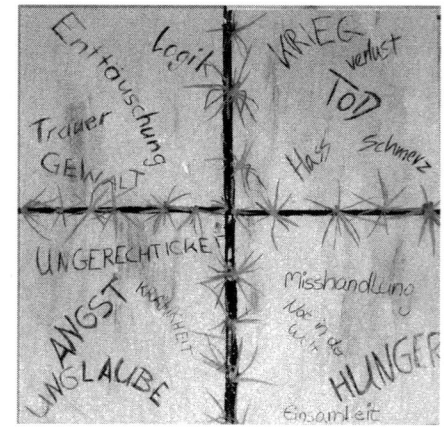

chen, geteilt durch ein grünes Graskreuz. Da haben wir aufgeschrieben, was unseren Glauben verdeckt, welche Erfahrungen ihn verdunkeln. Unsere Fragen haben wir zum Kreuz gebracht:
Warum?
Krankheit; Zweifel;
Warum?
Hass; Ungerechtigkeit; Krieg;
Warum?
Umweltvergiftung;
Ausbeutung; Verbrechen …
Warum?
Gewalt; Verletzungen; Sterben,
Tod;
Warum?
(Als Wortcollage vorgetragen)

Konfi-Text zu Bild B) Vertrauender Glaube/Danken für unser Leben
Die Schatten, die den Glauben verdecken, sind verschwunden. Erstaunlich, hinter den grauen Flächen den Regenbogen zu entdecken. Links und rechts rahmt er unser großes Bild mit vielen Zeichen des Vertrauens: eine Landschaft voller Leben, blühende Blumen, eine ruhige Schildkröte, Berge am Horizont, die große Sonne, zwei Luftballons in

zärtlicher Nähe … – eine Kirchenglocke: Einladung zum Gottesdienst. Unsere Osterkerze, die wir selber für die Kirche verziert haben, Vertrauen über alle Grenzen hinweg deutet sie an. Und dann die Menschen: Eine Gruppe, gut verbunden, wie wir in unserer Konfi-Zeit. Und alle unsere Namen, wie kleine Wellen auf dem blauen Fluss. Vertrauender Glaube. In der Taufe wird dazu die Tür geöffnet.

Predigtnotizen zu Bild C) Versammelter Glaube/Gottes Segen zum Leuchten bringen

Predigttext Gen 8,22 und 9,13
Unübersehbar bildet der Regenbogen eine wunderschön farbige Verbindung, eine leuchtende Brücke zwischen Himmel und Erde. Für die Menschen der Bibel ist der Regenbogen seit Noahs Tagen zum Zeichen

geworden für Gottes Bund: »Solange die Erde steht …« – Natürlich gehen am Konfirmationstag viele Gedanken auch voraus. Welche Einflüsse werden die Jugendlichen prägen? Wie wird ihre berufliche und familiäre Zukunft aussehen? Wie können sie verantwortlich am Leben in unserer Gesellschaft und in dieser Welt teilnehmen? Fragen am Horizont der Landschaft unseres zweiten Bildes, angedeutet mit den dunkleren Farben der Berge. Wäre es nicht schön, einmal sehen zu können, was dahinter liegt? (Öffnen des dritten Bildes und Erläuterung der dargestellten Motive.)

Die anderen Brücken

»Du hast einen schönen Beruf«, sagte das Kind zum alten Brückenbauer, »es muss sehr schwer sein, Brücken zu bauen.« »Wenn man es gelernt hat, ist es leicht«, sagte der alte Brückenbauer, »es ist leicht, Brücken aus Beton und Stahl zu bauen. Die anderen Brücken sind viel schwieriger«, sagte er, »die baue ich in meinen Träumen.« »Welche anderen Brücken?«, fragte das Kind. Der alte Brückenbauer sah das Kind nachdenklich an. Er wusste nicht, ob das Kind es verstehen würde. Dann sagte er: »Ich möchte eine Brücke bauen von der Gegenwart in die Zukunft. Ich möchte eine Brücke bauen von einem zum anderen Menschen, von der Dunkelheit in das Licht, von der Traurigkeit zur Freude. Ich möchte eine Brücke bauen von der Zeit in die Ewigkeit, über alles Vergängliche hinweg.« Das Kind hatte aufmerksam zugehört. Es hatte nicht alles verstanden, spürte aber, dass der alte Brückenbauer traurig war. Weil es ihn wieder froh machen wollte, sagte das Kind: »Ich schenke dir meine Brücke.« Und das Kind malte für den Brückenbauer einen bunten Regenbogen.

Anne Steinwart

Die Hütte Gottes bei den Menschen: Ein heiliges Zelt

Biblisch-theologischer Kontext

Ohne feste Herberge, Tag für Tag unterwegs, wandern die von Mose befreiten Hebräer aus der ägyptischen Knechtschaft in ein noch unbekanntes, wenn auch von Gott »gelobtes« Land. Am Sinai empfängt Mose von Gott zehn Gebote auf steinernen Tafeln: Die »10 großen Freiheiten«

(E. Lange), die ihr Leben miteinander, aber auch ihr Leben mit Gott ordnen. In einer Stiftshütte, einem besonderen heiligen Zelt, werden die Tafeln unterwegs in der Wüste aufgestellt (2 Mose 26 ff.): Ort der Nähe und Gegenwart Gottes.

Auch König David bringt die Bundeslade noch ins heiligen Zelt in seine neue Hauptstadt Jerusalem. Sein Sohn, König Salomo, ist dann aber der Baumeister eines ersten steinernen Tempels, in dessen Mitte die zwei Tafeln aufgestellt werden. Bald 1000 Jahre lang befindet sich dieses »feste Haus« Gottes in Jerusalem, immer wieder von Verwüstung und Verfall bedroht, erneut aufgebaut, vergrößert, verändert, renoviert. Im Jahre 70 n. Chr. aber wird der Tempel endgültig durch römische Soldaten auf Befehl ihres Feldherrn Titus zerstört. Die Tafeln mit den Zehn Geboten sind seitdem verschollen.

Gut 30 Jahre später, am Ende des 1. Jahrhunderts, träumt der »Seher Johannes« von einem »neuen Himmel« und einer »neuen Erde«, die Gott schaffen wird am Ende der Zeiten (Offenbarung 21). Und er sieht ein neues Jerusalem vom Himmel herabkommen, »bereitet wie eine geschmückte Braut für ihren Mann«. Und dort sieht er sie wieder: die »Hütte (im griechischen Text: »Zelt«) Gottes bei den Menschen«. Ein Zelt nur, mehr braucht Gott nicht, um zu wohnen unter uns.

Hans Graf von Lehndorff hat diese Gedanken in einem seiner Lieder aufgenommen: »Komm in unser festes Haus, der du nackt und ungeborgen. Mach ein leichtes Zelt daraus, das uns deckt kaum bis zum Morgen; denn wer sicher wohnt, vergisst, dass er auf dem Weg noch ist.« (EG 428, 4)

Methodische Hinweise

Das »heilige Zelt« – ein bis heute prägendes Kirchenbild, das auch Jugendliche sehr ansprechen kann. So entstand in der Vorbereitungsgruppe die Idee, unsere 12-eckige Auferstehungskirche entsprechend zu verwandeln. Keine leichte Aufgabe! Bei einem Durchmesser des Kirchenraumes von ca. 20 m und einer Höhe von ca. 9 m war sofort klar, dass wir für dieses Projekt, vor allem für die Zeltbahnen, nicht gerade wenig Material bräuchten. Eine erste Berechnung ergab ca. 260 m Nesseltuch bei einer Breite von 160 cm. Gott sei Dank fand sich unter den Konfi-Eltern ein großherziger Spender, der die Kosten von 300 Euro übernahm. Die mögliche Verwendung des Stoffes für neue Gardinen im Gemeindesaal ergab sich erst später.

Ein nicht unerhebliches Problem stellte die Aufhängung dar. Die Architekten der Kirche hatten die Betonrippen der Decke in der Mitte wie Strahlen einer Sonne zusammengeführt. Darunter befindet sich ein großer, ebenfalls 12-eckiger Beleuchtungsreifen. Da an diesem ohnehin Birnen zu erneuern waren, wurde eine hydraulische Hebebühne ausgeliehen, mit der wir oben an der Mitte der Betondecke eine lose Rolle mit einem aus Draht geflochtenen Zugseil anbringen konnten. So ergab sich die Möglichkeit, die ca. 30 m langen Zeltbahnen, zusammen mit der Darstellung des »himmlischen Jerusalem«, von der Orgelempore her ganz nach oben zu ziehen.

Für die Aufhängung nahmen wir ein kräftiges, geleimtes Sperrholzbrett, in dem die Stoffbahnen durch sechs Öffnungen (Durchmesser 5 cm) gesteckt und verknotet wurden. In der Mitte schraubten wir eine starke Öse (für das Zugseil) mit Metallgewinde ein und sicherten sie mit Unterlegscheiben und Muttern. Die ganze Scheibe wurde

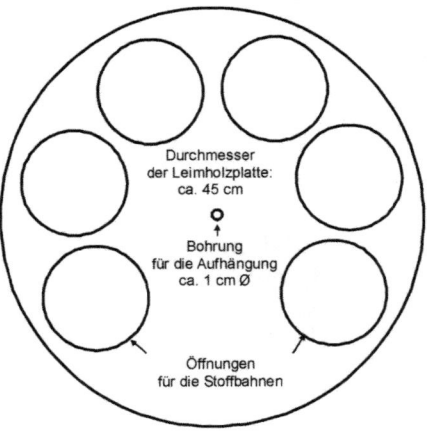

Durchmesser
der Leimholzplatte:
ca. 45 cm

Bohrung
für die Aufhängung
ca. 1 cm Ø

Öffnungen
für die Stoffbahnen

für den – späteren – Durchblick durch die Darstellung des »himmlischen Jerusalem« mit Goldbronze bemalt. Die von oben herabhängenden Stoffbahnen wurden an den Seitenwänden der Kirche auf ca. 4 m Höhe über lange, an den Wänden befestigte Bambusstangen gelegt und ausgebreitet. Unten auf dem Boden beschwerten wir die Stoffbahnen mit ein paar Ziegelsteinen, um so ein mögliches Verrutschen zu verhindern.

Das runde Papierbild (Durchmesser 1,80 m) mit den 12 Bildern für die »heilige Stadt« wurde auf zusammengeleimte Styroporplatten geklebt. Die Unterseite verstärkten wir durch eine feste Wellpappe, sodass daran die Aufhängung mit vier kräftigen Schnüren ohne Schwierigkeiten befestigt werden konnte.

Für die vier großen Klappbilder, die unten im Gottesdienstraum auf Tischen präsentiert werden sollten, fertigten wir acht Rahmen aus gehobelten Dachlatten (1 m breit, 2 m hoch) an. Die Bilder befestigten wir (wie bei den Wandbildern, vgl. ab S. 29) auf der Rückseite mit einem Tacker. Schließlich verbanden wir je zwei Rahmen an einer Seite mit den zueinander gehörenden gegensätzlichen Bildern durch zwei flache Scharniere. So konnten die Bilder, ohne auseinanderzufallen, zuerst je einzeln, dann aber – zur Predigt – aufgeklappt nebeneinander gezeigt werden. Zur Präsentation der einzelnen Bilder wurden sie jeweils mit einem hellen Spot angestrahlt. Für die Malarbeiten benötigten wir die auf Seite 19 f. beschriebene Grundausstattung.

Da die Zeltbahnen an diesem Wochenende noch nicht gebraucht wurden und ein Transport ohnehin angesichts der Stoffmenge nicht in Frage kam, nahmen wir lediglich eine Bahn mit, um die Idee und die Konstruktion zu erläutern. Außerdem erlaubte der Grundriss unserer Kirche, den alle Jugendlichen erhielten, die räumliche Anordnung anschaulich zu machen.

Zu Beginn der thematischen Arbeit an diesem Wochenende lasen wir gemeinsam Offenbarung 21 und entwickelten dazu Begriffe und Bilder, die diese großartige Vision anschaulich machen könnten (M 1). Der Text wurde ergänzt durch eine Meditation zur »neuen Stadt« (Kreuzkirche Dresden, 13. 2. 2005) und dazugehörige Aufgaben zur Gestaltung in fünf Arbeitsgruppen (M 2). Am Ende des Samstagvormittags wurden die verschiedenen Skizzen vorgestellt und die Aufgaben für die fünf Mal-Teams vereinbart. Für die Anfertigung der Darstellung des »himmlischen Jerusalem« zog sich eine Mädchen-Gruppe in einen ruhigen Raum zurück, um möglichst ungestört arbeiten zu können. In der Mitte der Scheibe hatten wir eine Öffnung von 35 cm Durchmesser ausgeschnitten, um so einen Durchblick auf die darüber hängende goldene Holzplatte zu ermöglichen.

Biblische Orientierung
Gemeinsames Lesen: Offenbarung 21,1-25

Aufgaben zur Bearbeitung:
- Sucht die Worte und Begriffe, die sich gut malen lassen.
- Findet Worte und Begriffe, die genau das Gegenteil bedeuten.
- Was würdest du dir vor allem in einer Stadt wünschen, damit sie menschenfreundlich und lebenswert wird?

Ich sehe eine (neue) Stadt ... Ideen und Texte zur Gestaltung

1. Gruppe: Resignation/Hoffnung
Ich sehe eine Stadt ... – in der alle Menschen geachtet und beschützt sind, ganz gleich, welche Farbe ihre Haut hat, ganz gleich, was ihre Muttersprache ist und wo sie geboren sind, eine Stadt, in der für alle das gleiche Recht gilt.
Ich sehe eine Stadt ... – ohne Barrieren für Menschen mit Behinderungen, mit genügend Raum für die Kinder und ihre Familien; eine Stadt, in der niemand ohne Wohnung ist; eine Stadt, in der Junge und Alte gemeinsam die Zukunft planen.
(Entwurf für zwei Groß-Poster, je 1 m breit und 2 m hoch.)

2. Gruppe: Gewalt/Frieden
Ich sehe eine Stadt ... – ohne Zäune zwischen Menschen, ohne Mauern, die wie Festungen sind, ohne Angst vor Raub und Gewalt und Mord; eine Stadt, in der Frieden ist.
(Entwurf für zwei Groß-Poster, je 1 m breit und 2 m hoch.)

3. Gruppe: Egoismus/Gemeinschaft
Ich sehe eine Stadt ... – in der Arbeit wertvoll ist, auch wenn sie ohne

Geldlohn getan wird, in der die Reicheren die Bedürftigeren tragen; eine Stadt, in der Geben mehr zählt als Besitzen; eine Stadt, in der man die Gerechtigkeit sucht.
(Entwurf für zwei Groß-Poster, je 1 m breit und 2 m hoch.)

4. Gruppe: Feindschaft/Liebe
Ich sehe eine Stadt ... – in der die Menschen aufeinander achten, in der keiner verlorengeht; eine Stadt, in der man gemeinsam trauert und gemeinsam feiert.
(Entwurf für zwei Groß-Poster, je 1 m breit und 2 m hoch.)

5. Gruppe: Unsere Hoffnung – die neue Stadt
Ich sehe eine Stadt ... – voller Blumen und Bäume, mit offenen Parks und Gärten und sauberer Luft zum Atmen; eine Stadt, in der die Menschen bewusst und behutsam leben und die Natur achten.
(Entwurf eines runden Deckenbildes von 1,80 m Durchmesser; in der Mitte eine Öffnung von 35 cm Durchmesser.)

Aufgabe
Entwickelt (großflächige) Symbole, Szenen und Bilder, mit denen sich die Motive der Texte anschaulich machen lassen, und skizziert Darstellungen, die genau das Gegenteil zeigen.

Liturgische Bausteine

Lieder
EG 166 Tut mir auf
EG 428 Komm in unsre stolze Welt
EG 628 Ich lobe meinen Gott
GK 85   Nehmet einander an
GK 98   Kommt und lasst uns zieh'n
TG 148 Frieden, Frieden
TG 150 Behüte mich Gott

Zur Eröffnung: Psalm 122

Hinführung zum ersten Bilderzyklus

Jerusalem als »Stadt Gottes« ist mit so vielen guten Verheißungen, Wünschen und Träumen verbunden. Aber bis heute hat diese Stadt nicht zu dem Frieden gefunden, der sie eigentlich »um Gottes Willen« auszeichnen soll. Jerusalem – heute wie in biblischer Zeit ein Ort großer Hoffnung, aber auch menschlichen Versagens und tiefer Enttäuschung. Auf vier großen Bildtafeln haben wir Themen dargestellt, die das Zusammenleben der Menschen verdunkeln:

Konfi-Text zu Bild 1 A: Resignation

Auf dem Bild sind einige Leute zu sehen, die sich in einer aussichtslosen Lage befinden: drogenabhängig, alkoholkrank, ein Kind vor einer verschlossenen Haustür, ein Selbstmörder, eine Prostituierte. Überall liegt Müll herum. Kein Sonnenstrahl, Verzweiflung ist spürbar.

(Klangschale, kurze Stille)

Konfi-Text zu Bild 2 A: Gewalt

Über den grauen Häusern einer Stadt, von einem Panzer belagert, erhebt sich, alles bedrohend und zerstörend, ein riesiger Atompilz. Zeichen tödlicher Gewalt, wie sie von Menschen verursacht, schlimmer nicht vorstellbar ist.

(Klangschale, kurze Stille)

Konfi-Text zu Bild 3 A: Egoismus

Grau-grüne Kreise auf einem abweisenden Hintergrund gemalt. Beziehungslos, ohne jeden Kontakt; jeder für sich.

(Klangschale, kurze Stille)

Konfi-Text zu Bild 4 A: Feindschaft

Zwei Menschen einander den Rücken zuwendend. Verschränkte Arme. Die Mundwinkel heruntergezogen. Hass und Feindschaft sind spürbar.

(Klangschale, kurze Stille, Kyrie, Text zur Ermutigung: Jeremia 29,11 ff., Lied: EG 628, dabei werden die Bilder umgedreht)

Hinführung zum zweiten Bilderzyklus

Die dunklen Bilder, die den Glauben verdecken und infrage stellen, sind verschwunden. Erstaunlich und ermutigend, hinter den grauen, abweisenden Flächen andere, hellere Motive zu finden:

Konfi-Text zu Bild 1 B: Hoffnung

Eine erstaunliche Veränderung: Der Drogenabhängige hat Hilfe gefunden, das verlassene Kind eine Familie, der Selbstmörder neuen Mut zum Leben. Helle Farben. Die Sonne ist aufgegangen.

(Klangschale, kurze Stille)

Konfi-Text zu Bild 2 B: Frieden

Unter den Farben des Regenbogens lässt es sich leben im Frieden. Verschiedene Sprachen bringen den Wunsch aller Menschen nach Frieden zum Ausdruck.

(Klangschale, kurze Stille)

Konfi-Text zu Bild 3 B: Gemeinschaft

Wir sehen bunte Kreise, die sich verbinden. Warme, leuchtende Farben, zum Teil auch miteinander vermischt. Sie werden von einem größeren Kreis umschlossen, wie eine große Familie.

(Klangschale, kurze Stille)

Konfi-Text zu Bild 4 B: Liebe

Auf dem Bild sieht man Menschen, die äußerlich total verschieden sind, aber sie lieben einander trotzdem. Über allem steht das große Auge Gottes, das auf die Menschen schaut. Das Herz soll den Wunsch ausdrücken, dass alle Menschen Liebe spüren sollen.

(Klangschale, kurze Stille)

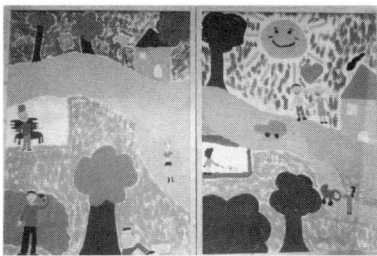  

Resignation/Hoffnung *Feindschaft/ Liebe*

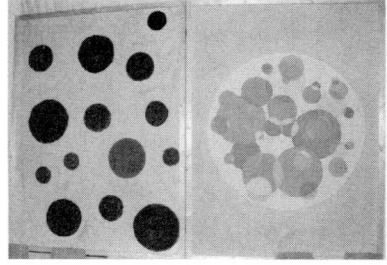 

Egoismus/Gemeinschaft *Gewalt/Frieden*

Konfi-Text zu Bild 5

So stellen wir uns die neue Stadt vor: Menschen aller Hautfarben leben friedlich zusammen. Die Erde wird nicht mehr ausgebeutet. Alle Geschöpfe bilden eine harmonische Gemeinschaft. Das Kreuz leuchtet. Eine einladende Kirche. Nach oben gibt es einen Durchblick zum wärmenden Licht, das von Gott zu allen kommt.

Sein wie die Träumenden: Himmelsleitern

Biblisch-theologischer Kontext

50 Jahre hatten sie vergeblich gehofft, gewartet, gezweifelt. Ein großer Teil der Bewohner und Bewohnerinnen Israels waren im 6. Jahrhundert vor Christus gefangen und weggeführt worden ins fremde Babylon. Keine Aussicht auf Heimkehr. Und dann – endlich – doch die Befreiung. »Als Gott unser Schicksal wandte und uns freiließ, da waren wir wie die Träumenden ...« Da klingt die befreiende Grunderfahrung des Glaubens, die von Anfang an die Geschichte Gottes mit seinem Volk beglei-

tet, wieder auf. Immer wieder – wie im Traum – erweist sich das Vertrauen zu Gott als ermutigende und stärkende Kraft, die auch in den dunkelsten Tälern des Lebens Halt geben und einen Weg zeigen kann.

So erzählt es die Geschichte von Jakob, der nach seiner betrügerischen Tat, auf der Flucht vor seinem Bruder, nachts in der Wüste im Traum den Himmel offen sieht und erkennt, wie nah ihm Gottes Engel sind. Dort in »Beth-El«, dem ersten »Haus Gottes«, beginnt für ihn ein neuer Weg. Am Ende – nach vielen, vielen Jahren – schließlich die Versöhnung mit seinem Bruder Esau.

Jahrhunderte später finden wir dieses Motiv wieder, freilich noch viel umfassender. Da beschreibt der Prophet Jesaja seinen Traum von einem Friedensreich. Die Menschen haben endlich begriffen, dass Macht und Geld, Krieg und Gewalt das Leben nur zerstören. Darum verschrotten sie ihre Waffen und verwenden die sündhaft hohen Rüstungsausgaben zur Herstellung landwirtschaftlicher Geräte und zur Bekämpfung des Hungers weltweit. Dieser Traum vom Frieden umfasst die ganze Schöpfung Gottes, Menschen, Tiere, Pflanzen, Feuer, Wasser, Luft und Erde.

Viele Geschichten, Bilder und Zeichenhandlungen, die wir von Jesus kennen, sind von diesem Traum geprägt. Das »Reich Gottes«, Mittelpunkt seiner Verkündigung und seines Lebens, Gottes neue Welt: Nicht erst zu erwarten am »Sankt Nimmerleinstag«, sondern hier und heute, mitten unter uns. Es ist eine andere Welt, ein anderes Zusammen-leben auf dieser Erde möglich. Da werden die Letzten die Ersten sein, da sind Gerechtigkeit und Friede untrennbar verbunden, da ist die Angst vor dem Tod endgültig überwunden, und das Vertrauen zu Gott vereint alle am Tisch des Lebens.

Mit diesen biblischen Träumen von einem gelingenden Leben haben die Konfirmanden ihre eigenen Träume verbunden. Viele träumen davon,

– dass es auf der ganzen Welt keinen Krieg mehr gibt;
– dass jeder Mensch die anderen tolerieren und so nehmen kann, wie sie sind;
– dass alle Menschen gleich behandelt werden und niemand mehr verhungern oder verdursten muss.

Aber auch die Träume von einer ungetrennten Familie, und später einmal eigenen – lieben(!) – Kindern, einem Pferd, einer Reise mit dem

Fahrrad um die Welt fehlen nicht. Und einer träumte sogar von einem riesigen Berg Lasagne, um ihn »sorglos« allein aufzuessen ... So gab es vielfältiges Material, um damit unser Konfirmations-Projekt zu entwickeln.

Methodische Hinweise
Das Thema des Wochenendes »Sein wie die Träumenden« sollte mit fünf Motiven dargestellt werden:
1) Jakobs Traum von der Himmelsleiter
2) Jesajas Traum vom Friedensreich
3) Jesu Traum vom Reich Gottes
4) Jetzt wir – und unsere Lebensträume
5) Jakobs Stern

Zu Beginn unseres Konfi-Wochenendes am Freitagabend waren alle Jugendlichen eingeladen, ihre eigenen Träume zu beschreiben (M 1). Am Samstagmorgen wurde die Idee unseres Projektes vorgestellt. Ausgehend von der Jakobsleiter wollten wir vier lange Strickleitern herstellen und in den freien Flächen zwischen den Rundhölzern die jeweiligen Träume malen.
Zur Erarbeitung wurden fünf Gruppen gebildet. Jede erhielt eines der vorbereiteten Arbeitsblätter (M 2 bis M 6). Besonders interessant war dabei die Anfertigung eines großen (Jakob-)Sterns, der in der Mitte der Kirche aufgehängt werden sollte. Dafür hatten wir das Material aus Sperrholz ausgesägt und zum Wochenende mitgebracht.

Am Ende des Samstagvormittags stellten die Gruppen ihre Entwürfe vor. Jede Leiter – Gesamtlänge ca. 5 m – hatte vier Zwischenfelder (0,90 × 1,20 cm), die gestaltet werden sollten. Gemalt wurde mit Dispersionsfarben auf vorher in Originalgröße zugeschnittenen Zeichenpapieren, aber auch Collagen und Konfi-Porträt-Fotos wurden angefertigt. Da wir an diesem Wochenende herrliches Sonnenwetter hatten, konnten alle Malgruppen draußen im gepflasterten Hof unseres Freizeitheims arbeiten.
Ausgehend von einem Text aus dem 6. Jh. (siehe M 6) ist für den großen Stern die Idee entstanden, Fußabdrücke der Konfirmanden auf den

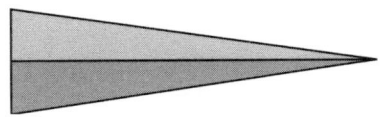

Strahlen von außen nach innen laufen zu lassen. Die 12 Strahlen des Sterns und seine Mitte hatten wir bereits zu Hause aus 0,6 cm starkem Sperrholz ausgesägt und zerlegt zum Wochenende mitgebracht. (Maße: Strahlen 1,00 × 0,25 m; Mitte 1,00 m Durchmesser) Um beim Abdruck der (mit weißer Dispersionsfarbe angemalten) Fußsohlen nicht die Farbe zu verschmieren, wurde über die am Boden liegenden Strahlen ein Stuhl gestellt, von dem aus im Sitzen das Aufdrucken mit den Füßen ohne Komplikationen möglich war. Die Mitte wurde mit den Regenbogenfarben in konzentrischen Kreisen ausgemalt.

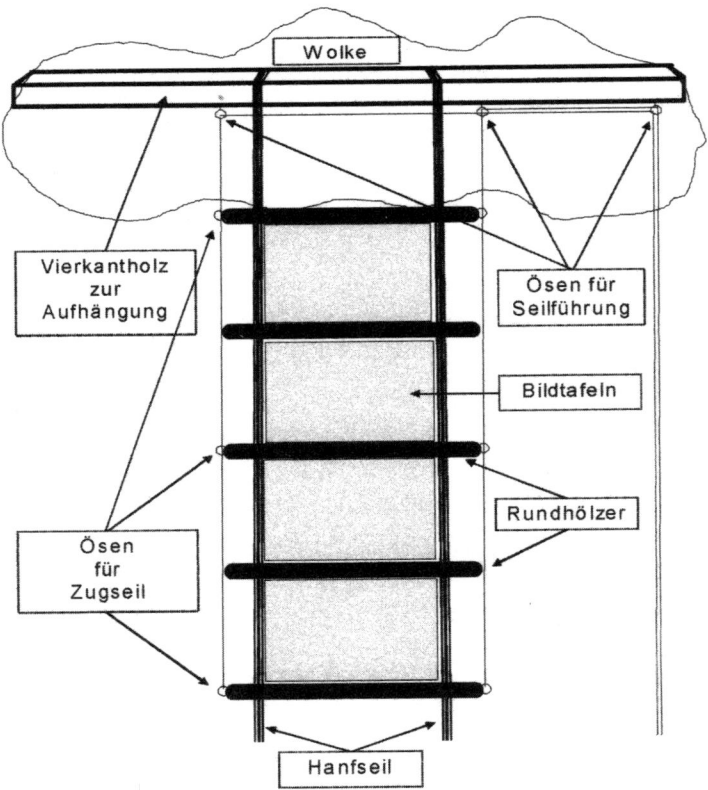

Eine weitere Aktion war die Anfertigung von vier großen Wolken, hinter denen die Leitern hochgezogen im Gottesdienstraum zunächst versteckt werden sollten. Da die Konfirmanden mit ihren Bildern und dem Stern schon intensiv beschäftigt waren, betätigten sich einige Jugendleiter unseres Freizeitteams als Wolkenmaler.

In der Woche vor der Konfirmation wurde dann zu Hause in der Kirche der Stern zusammengesetzt und in der Mitte des Kirchenraums von der Decke herab aufgehängt. Vier Konfi-Gruppen bauten die Leitern aus dicken Hanfseilen und dicken Rundhölzern. Die Stäbe wurden an den entsprechenden Stellen in das aufgedrehte Seil gesteckt und von außen mit einem Nagel mit breitem Kopf gesichert.

In den Zwischenfeldern befestigten wir die auf Styroporplatten geklebten Bilder. Jedes Bild wurde am oberen und unteren Holm mit einer lockeren Bindfadenschlaufe und einer Reißzwecke im Holzstab fixiert, sodass ein Verrutschen beim Bewegen der Strickleiter verhindert wurde. An jedem zweiten Rundholz wurde links und rechts je eine Öse angebracht, durch die die Zugschnüre geführt wurden, um die Strickleitern leicht von oben herabzulassen.

Alle vier Leitern waren an einem (5 × 5 cm) kräftigen Vierkantholz befestigt, das wir – wie auch die Strickleitern selbst und die großen Wolken davor – mit Hilfe einer hydraulischen Hebebühne jeweils zwischen zwei Betonpfeilern angebracht hatten. Die Zugschnüre der Strickleitern liefen am äußeren Ende der Vierkanthölzer durch zwei Ösen nach unten, sodass sie leicht vom Boden aus bewegt werden konnten.

Besondere Materialien zur Anfertigung:
- 2 m^2 Sperrholz, ca. 0,6 cm stark
- 12 m Hanfseil, ca. 3 cm Durchmesser
- 4 Vierkanthölzer 5 × 5 cm (Die Länge ist abhängig vom Raum)
- 20 Rundstäbe aus Kiefernholz, 1,40 m lang, ca. 2,5 cm Durchmesser
- ca. 25 m^2 Styroporplatten, ca, 2,5 cm stark
- 36 Ösen (für die Seilführung)
- ca. 150 m kräftiges Perlgarn (für die Zugseile und zur Befestigung der Bilder zwischen den Rundstäben)

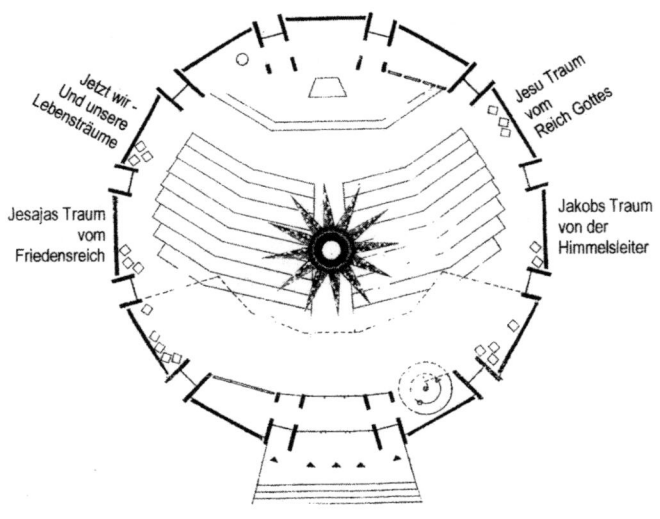

Anordnung im Kirchenraum

M1 _____

Zur Einführung ins Thema
- Wovon ich schon lange träume …
- Ich träume davon, dass …
- Mein Lebenstraum …

M2 _____

Jakobs Traum von der Himmelsleiter

Lest in der Bibel 1 Mose 28,10-22 und das folgende Gedicht von Rudolf Otto Wiemer:

Es müssen nicht Männer mit Flügeln sein, die Engel.
Sie gehen leise, sie müssen nicht schrein,

manchmal sind sie alt und hässlich und klein, die Engel.
Sie haben kein Schwert, kein weißes Gewand, die Engel.
Vielleicht ist einer, der gibt dir die Hand,
oder wohnt neben dir, Wand an Wand, der Engel.
Dem Hungernden hat er das Brot gebracht, der Engel.
Dem Kranken hat er das Bett gemacht,
er hört, wenn du rufst, in der Nacht, der Engel.
Er steht im Weg, und der sagt: Nein, der Engel.
Groß wie ein Pfahl und hart wie ein Stein –
Es müssen nicht Männer mit Flügeln sein, die Engel.

Aufgaben

1) Lest die Texte aufmerksam durch.
2) Welche Bilder/Motive werden in den Texten sichtbar?
3) Wie lassen sich die Motive auf vier Tafeln anordnen?
4) Welche Engel findest du besonders wichtig?
5) Welchen Engel würdest du dir zur Seite wünschen?
6) Wie sieht er aus?
7) Entwickelt dazu Skizzen.
8) Übertragt die Skizzen auf DIN-A3-Bögen.
9) Übertragt die fertigen Entwürfe auf das Originalpapier.

M3

Jesajas Traum vom Friedensreich

Lest in der Bibel: Jesaja 2,1-5 und 11,1-10

Seht euch das Bild von Marc Chagall, »Die Zauberflöte«, an.

Aufgaben

1) Lest die Texte aufmerksam durch.
2) Welche Bilder/Motive werden in den Texten sichtbar?
3) Vergleicht damit das Bild von Marc Chagall.

4) Wie lassen sich die Motive auf vier Tafeln anordnen?
5) Entwickelt dazu Skizzen.
6) Übertragt die Skizzen auf DIN-A3-Bögen.
7) Übertragt die fertigen Entwürfe auf das Originalpapier.

M4

Jesus Traum vom Reich Gottes

Lest in der Bibel: Markus 9,13-16; Matthäus 13,44-47; Lukas 13,29 und 30; Lukas 17,20 und 21.

Lest das folgende Gedicht von Dorothee Sölle:

Zeitansage
Es kommt eine zeit
da wird man den sommer gottes kommen sehen
die waffenhändler machen bankrott
die autos füllen die schrotthalden
und wir pflanzen jede einen baum

Es kommt eine zeit
da haben alle genug zu tun
und bauen die gärten chemiefrei wieder auf
in den arbeitsämtern wirst du
ältere leute summen und pfeifen hören

Es kommt eine zeit
da werden wir viel zu lachen haben
und gott wenig zum weinen
die engel spielen klarinette
und die frösche quaken die halbe nacht

Und weil wir nicht wissen
wann sie beginnt
helfen wir jetzt schon
allen engeln und fröschen
beim lobe gottes

Dorothee Sölle

Aufgaben

1) Lest die Texte aufmerksam durch.
2) Welche Bilder/Motive werden in den Texten sichtbar?
3) Wie lassen sich die Motive auf vier Tafeln anordnen?
4) Entwickelt dazu vier Skizzen.
5) Übertragt die Skizzen auf DIN-A3-Bögen.
6) Übertragt die fertigen Entwürfe auf das Originalpapier.

M5

Jetzt wir – und unsere Lebensträume

Aufgaben

1) Die Träume unserer Konfi-Gruppe (siehe M 1-Ergebnisse) anschauen und prüfen, welche davon sich gut darstellen lassen.
   Gleiche Themen/Motive zusammenstellen.
2) Wie lassen sich die Motive auf vier Tafeln anordnen?
3) Entwickelt dazu vier Skizzen mit ausreichend Platz für je 7 bis 8
   große Porträts auf jeder Tafel.
4) Übertragt die Skizzen auf DIN-A3-Bögen.
5) Übertragt die fertigen Entwürfe auf das Originalpapier.
6) Bereitet die Anfertigung von Porträtfotos der Konfis vor.

Jakobs Stern

Ein Christ, der im 6. Jahrhundert in Palästina lebte, schrieb: Stellt euch die Welt als einen Kreis vor, dessen Mitte Gott ist und dessen Strahlen die verschiedenen Lebensweisen der Menschen sind. Wenn alle, die Gott nahekommen wollen, zur Mitte des Kreises gehen, nähern sie sich gleichzeitig einander und Gott. Je mehr sie sich Gott nähern, desto mehr nähern sie sich einander. Und je mehr sie sich einander nähern, desto mehr nähern sie sich Gott.

Dorotheos von Gaza, 6. Jh. n. Chr., Unterweisungen VI

Anleitung zur Bearbeitung
1) Lest den Text aufmerksam und besprecht ihn in der Gruppe.
2) Plant das sorgfältige Ausmalen des großen Sterns.
3) Fertigt die Skizzen an für die großen Wolken.
4) Übertragt die Skizzen auf DIN-A3-Bögen.
5) Fertigt die Originalpapiere an.
5) Übertragt die fertigen Entwürfe auf das Originalpapier.
6) Plant den Abdruck der Konfi-Füße und probiert eine Drucktechnik.

Liturgische Bausteine

Lieder
EG 272 Ich lobe meinen Gott
EG 665 Wir haben Gottes Spuren festgestellt
GK 19   Wenn einer alleine träumt
TG 125 The kingdom of God
TG 150 Behüte mich, Gott
        Ich träume eine Kirche ... (Fritz Baltruweit, in: »Fußnoten« Nr. 16, Strube Verlag, Liederheft zum Deutschen Ev. Kirchentag 2001)

Zum Beginn: Psalm 126

Meditation
Sein wie die Träumenden –
Realitätsfern?
Sich alles schön redend?

Fern von der Wirklichkeit?
Sein wie die Träumenden –
was bedeutet das?

Sein wie die Träumenden –
das wahre Ich zeigend?
So zu sein und angenommen
    zu werden,
wie man wirklich ist?
Sein wie die Träumenden –
geht das?

Gott, beschütze uns heute auf
    unseren Wegen.
Hilf uns, unsere Träume
    zu leben
und zu gestalten.
Ermögliche uns auch,
heute so zu sein,
wie die Träumenden!

Text: Konfi-Team, Auferstehungsgemeinde Freiburg

A) Konfi-Text zu: Jakobs Traum von der Himmelsleiter

Jakob ist in der Wüste eingeschlafen. Sein Kopf auf einen Stein gebettet, aber getragen und aufgehoben in Gottes Hand.

Aus der dunklen Nachtwolke steigen auf einer Leiter von Licht umgeben Gottes Engel zu ihm hinunter.

Da ist Gottes Haus, ein Tor zum Himmel. So haben wir auch unsere Auferstehungskirche dazu gemalt.

Der Kompass soll bedeuten, dass sich Jakobs Nachkommen in alle Himmelsrichtungen ausbreiten und die Einladung in Gottes Haus allen Menschen gilt.

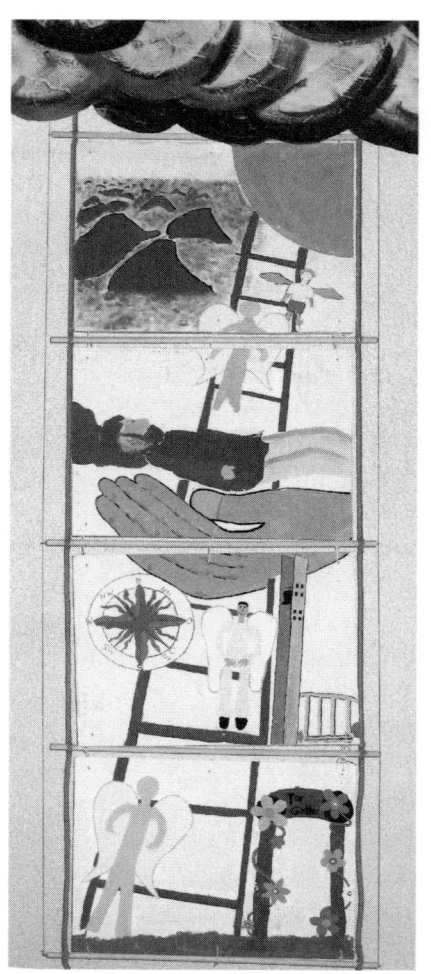

B) Konfi-Text zu: Jesajas Traum vom Friedensreich

Auf dem unteren Bild wandern Menschen aus verschiedenen Ländern den Gottesberg, der alle anderen überragt, hinauf.

Dort steht der Tempel Gottes, aus dem Licht und Wärme strahlt.

Darüber breitet sich das Friedensreich aus, von dem Jesaja träumt: Panther und Ziege verstehen sich gut. Der Bär weidet mit der Kuh. Ein Baby spielt mit der Schlange. Eine Friedenstaube trägt einen Ölzweig im Schnabel.

Alle verstehen sich und mögen sich!

C) Konfi-Text zu: Jesu Traum vom Reich Gottes

Auf dem Bild sieht man vor einer Mauer, außerhalb des Gottesreiches, die Erwachsenen. Sie denken noch viel zu sehr an Geld, Arbeit, Probleme und ahnen noch nichts von Gottes Liebe.

Innerhalb der Mauer sieht man die Kinder, die im Reich Gottes spielen. Sie begegnen sich auf eine fröhliche Weise.

Auf dem nächsten Bild kommen Menschen aus allen Himmelsrichtungen zum Abendmahlstisch.

Darunter sieht man auf der rechten Seite Menschen, die noch nach dem Reich Gottes suchen. Das Gewitter deutet an, wie bedroht sie sind. Auf der linken haben Menschen das Reich Gottes entdeckt: in ihrer Mitte.

Dann haben wir die Bildworte Jesu vom Schatz im Acker, der kostbaren Perle und vom Netz im Meer aufgenommen und dargestellt.

D) Konfi-Text zu: Jetzt wir – und unsere Lebensträume

Am Freitagabend unseres zweiten Konfi-Wochenendes hat jeder ein Blatt bekommen mit verschiedenen Satzanfängen: Wovon ich schon lange träume; Mein Lebenstraum usw.

Am Samstagmorgen hat eine Gruppe die Ergebnisse ausgewertet. Zu den Träumen, die am häufigsten vorkamen, haben wir dann Symbole gemalt und Fotos von uns aufgenommen.

Segen
Gott, begleite uns,
umgib und trage uns.
Deine Barmherzigkeit
erfülle unsere Herzen,
unsere Erde, unsere Welt.

Heidi Rosenstock

Lass uns zusammen träumen,
zusammen beten,
zusammen arbeiten
an der einen Welt des Friedens
und der Gerechtigkeit für alle.

Predigtnotiz

Einen Traum habe auch ich mit den Konfirmanden verwirklichen können. In unserer Auferstehungskirche war mir schon lange die besondere Gestaltung der grauen Betondecke aufgefallen. Oben in der Mitte laufen die Rippen zusammen wie die Strahlen einer Sonne. Seit langer Zeit hatte ich daran gedacht, diese Mitte einmal zum Leuchten zu bringen. Mit dem großen, von den Jugendlichen gestalteten Stern wurde dieser Traum erfüllt.

»Jakobs Stern ist aufgegangen ...« – ein uraltes biblisches Hoffnungsmotiv. In der Mitte goldglänzend hervorgehoben das Licht Gottes, umgeben von den Farben des Regenbogens: Seit Noahs Tagen Zeichen des Bundes und der bleibenden Liebe Gottes zu seiner Schöpfung. Von außen, auf den Strahlen des Sterns, führen Spuren der Konfirmanden zur Mitte und immer mehr zueinander.

Ein ganz konkreter Schritt auf diesem Weg war für die Jugendlichen und unsere Gemeinde die Aktion »Zukunft schenken«. Wir begleiteten und unterstützten damit ein Heim für Straßenkinder in Montevideo/Uruguay. Vor allem hatten wir in letzter Zeit Spenden gesammelt, um die Ausstattung eines Neubaus für Jugendliche, die dort eine Berufsausbildung begonnen haben, mit zu finanzieren. Auch die Kollekte dieses Konfirmationsgottesdienstes war dafür bestimmt.

Als ob sie von unserem Thema gewusst hätte, schrieb uns Ana Laura Ríos, eine seit ihrer Geburt stark körperbehinderte junge Frau aus Montevideo:

»Ihr lieben Freunde, ich weiß: Manchmal ist das ein bisschen schwer zu verstehen, was ich Euch sagen möchte. Denn meine Wunschträume sind oft so weit weg und gar nicht zu verwirklichen. Aber unsere Träume machen uns Mut, auf unserem Weg weiterzugehen.

Ihr Freunde: Der Frieden ist etwas Wunderbares. Es lohnt sich, für ihn zu kämpfen. Die Armut ist so ungerecht. Man muss etwas tun, damit sie verschwindet.

Darum lasse ich es mir nicht verbieten, auf meine Träume zu achten. Das ist mein Leben. Und darum möchte ich, dass die Menschen zusammenfinden.

Zusammen können wir es schaffen, eine bessere Welt zu bauen. Zusammen, Ihr Freunde.«

Ausblick: Das Leben ausmalen ...

In der Tradition der evangelischen Kirche hat es lange gedauert, bis die Folgen des reformatorischen »Bildersturms« im 16. Jh. überwunden wurden. In den letzten Jahrzehnten war aber zu beobachten, wie neben die reine Wortverkündigung immer mehr auch andere Formen der Weitergabe des Evangeliums traten: liturgische Feiern, die nicht nur der Seele, sondern bewusst auch dem Leib gut tun sollten, Bildmeditationen, tänzerische Elemente, Aktionen, Wiederentdeckung des Kirchenraums. Die vielfältigen ökumenischen Kontakte auf verschiedensten kirchlichen Ebenen haben sich in dieser Hinsicht belebend und bereichernd ausgewirkt. Auch die Kirchentagsbewegung hat zu neuen Formen des Feierns und der Gestaltung kirchlicher Räume beigetragen. Die Begegnung mit der besonderen Spiritualität der ökumenischen Bruderschaft in Taizé und ihrem Mut, mit einfachsten Mitteln zu einem »Fest ohne Ende« (Roger Schutz) einzuladen, hat zudem etliche Bereiche der Arbeit mit Jugendlichen beeinflusst. Von dieser Entwicklung sind die beschriebenen Praxisbeispiele wesentlich mit bestimmt und geprägt worden.

Für die Möglichkeit, meine Erfahrungen und meine Freude mit solchen Konfi-Projekten weitergeben zu können, bin ich dem Patmos Verlag sehr dankbar. Es ist schön, dass die hier vorgestellten Bilder, Arbeitsblätter und Projekte auf der Homepage des Verlages (www.patmos.de) auch in ihrer ursprünglichen Farbigkeit anzuschauen sind.

Marc Chagall schrieb einmal:
»Da jedes Leben zwangsläufig seinem Ende zugeht,
sollten wir unser Leben, solange es dauert,
mit unseren Farben der Liebe und Hoffnung ausmalen.
In dieser Liebe findet sich das Wesentliche jeder Religion.«

Verwendete Literatur

Bonhoeffer, Dietrich: Widerstand und Ergebung, Briefe und Aufzeichnungen aus der Haft. Herausgegeben von Eberhard Bethge. Gütersloher Verlagshaus 2008.

Dönhoff, Marion: Zivilisiert den Kapitalismus, Grenzen der Freiheit. DVA 1997.

Domay, Erhard; Köhler, Hanne (Hrsg.): Der Gottesdienst, Liturgische Texte in gerechter Sprache. Gütersloher Verlagshaus 1997.

Evangelisches Missionswerk in Deutschland, Hamburg, Materialdienst.

Fußnoten, Kirchentagsliederheft, Strube Verlag 2001.

Gesänge aus Taizé, Ateliers et Presses de Taizé 2005.

Gottesklang, Kirchentagsliederheft, Kreuz Verlag 1988.

Hoffsümmer, Willi: Mehr als 1000 Kurzgeschichten, Matthias Grünewald Verlag 2000.

Huber, Wolfgang: Kirche in der Zeitenwende, Gesellschaftlicher Wandel und Erneuerung der Kirche. Verlag Bertelsmann Stiftung 1998, Gütersloher Verlagshaus 1999.

Lübking, Hans-Martin: Neues Kursbuch Konfirmation, Ein Arbeitsbuch für Konfirmandinnen und Konfirmanden. Patmos Verlag 2000, 2004.

Lübking, Hans-Martin: Kursbuch Konfirmation, Ein Arbeitsbuch für Konfirmandinnen und Konfirmanden, Patmos Verlag 2005, 2. Auflage 2006.

Péguy, Charles: Das Mysterium der Hoffnung, Übertragen von Oswalt von Nostitz. Rütten & Loening Verlag 1951.

Rosenstock, Heidi; Köhler, Hanne: Du Gott, Freundin der Menschen, Neue Texte und Lieder für Andacht und Gottesdienst. Kreuz Verlag 1991.

Scholl, Norbert: Ausschau nach Gott. Johann Kiefel Verlag 1978.

Zenetti, Lothar: Sieben Farben hat das Licht. Pfeiffer Verlag 1975.

Quellennachweis

S. 43: Antoine de Saint-Exupéry, Romane Dokumente. © 1966 und 2002 Karl Rauch Verlag, Düsseldorf.

S. 45: Antoine de Saint-Exupéry, Der kleine Prinz. © 1950 und 2008 Karl Rauch Verlag, Düsseldorf.

S. 46: Kurt Marti, Gott ist mit Menschen: Zum Beispiel: Bern 1972, Ein politisches Tagebuch. Luchterhand Verlag, Darmstadt und Neuwied 1973.

S. 61: Dorothee Sölle, Vergleiche ihn ruhig mit anderen »Größen«: Meditationen & Gebrauchstexte, Gedichte. © Wolfgang Fietkau Verlag.

S. 61: Lothar Zenetti, Viele sagen: Ich glaube an nichts: Texte der Zuversicht. Für den einzelnen und die Gemeinde. Verlag J. Pfeiffer, München, 6. Auflage 1997, S. 245.

S. 84: Jörg Zink, Bekenntnis: Jörg Zink, Die Welt hat noch eine Zukunft. © Kreuz Verlag, Stuttgart 1981, S. 9.

S. 86: Lothar Zenetti, Am Ende die Rechnung: Lothar Zenetti, Sieben Farben hat das Licht, Worte der Zuversicht. © Matthias-Grünewald-Verlag der Schwabenverlag, Ostfildern 2006, S. 138.

S. 98: Norbert Scholl, Wer an fromme Menschen denkt...: Ausschau nach Gott. Johann Kiefel Verlag, Wuppertal 1978, S. 20.

S. 120: Unter einem Feigenbaum: Text: Hans-Jürgen Netz, Musik: Fritz Baltruweit. Fritz Baltruweit, Meine Lieder, 1996. Alle Rechte im tvd-Verlag Düsseldorf.

S. 121: Charles Péguy, Dieses kleine Mägdlein Hoffnung: Charles Péguy, Das Tor zum Geheimnis der Hoffnung. Übertragen von Hans Urs von Balthasar. Johannes Verlag Einsiedeln, Freiburg, 4. Auflage 2007,5; 8–10.

S. 132: Wolfgang Huber, Kirche in der Zeitenwende, Verlag Bertelsmann Stiftung, 1998, S. 137 f.

S. 142: Jörg Zink, Es gibt Menschen, die die Bibel nicht brauchen.

S. 155: Anne Steinwart, Die anderen Brücken. © Anne Steinwart.

S. 170: Rudolf Otto Wiemer, Es müssen nicht Männer mit Flügeln sein: Rudolf Otto Wiemer, Der Augenblick ist noch nicht vorüber. Kreuz Verlag, Stuttgart 2001. © Rudolf Otto Wiemer Erben, Hildesheim.

S. 172: Dorothee Sölle, Zeitansage: Loben ohne Lügen. © Wolfgang Fietkau Verlag.

S. 179: Heidi Rosenstock, Lass uns zusammen träumen: Heidi Rosenstock/Hanne Köhler, Du Gott, Freundin der Menschen, Neue Texte und Lieder für Andacht und Gottesdienst. © Kreuz Verlag, Stuttgart 1991, S. 137.

Die Fotografien auf folgenden Seiten sind von Günther Hammer, Freiburg: 132, 135, 143, 144, 153, 154, 158, 165. Die restlichen Fotografien sind vom Autor.